U0509692

让孩子成为『演说家』

《思维演说＋》教你 101 个有效方法

孙莜佳 著

上海书店出版社
SHANGHAI BOOKSTORE PUBLISHING HOUSE

前 言

目前，青少年语言教育大都停留在语言技巧的训练，如朗诵、讲故事等，少儿演说类课程可能只是形式上的展示，却没有实质的内容，而注重思维开发的科创类课程又缺乏语言表达的展示。为了从思维根本上提高孩子演说能力，引导其主动发现问题后运用思维解决、最终自信演绎，而绝非只是背稿演讲，我们研发了针对幼儿园阶段至初中生的青少年演说课程《思维演说＋》。

《思维演说＋》坚持跨学科融合，它以逻辑学及戏剧教育为理论基础，以提高学生核心素养为目标，以演说为表现形式。"主动发现、语言思维、自信演绎"是《思维演说＋》的三大核心内容。"＋"既代表"家"、思维演说家，又代表着融合。《思维演说＋》曾走进东方电视台"全能脑力王"栏目组，助力科创赛决赛的参赛选手通过演说形式展示科创作品（《全能脑力王》栏目组曾在上海科博会上亮相展出，被授予"创意展示奖"。《全能脑力王》曾荣获国家广电总局"迎接十九大优秀少儿节目"）；《思维演说＋》走进上海历史博物馆，引导学生主动发现历史之美，思考历史之史，演绎历史之韵，未来《思维演说＋》还将与更多专业融合……

在此，感谢《思维演说＋》课程研发团队的专家们：上海戏剧学院播音与主持艺术专业副教授张大鹏，南开大学哲学院教师田佳佳，"爱丁堡"艺术节东方青少儿艺术周艺术总监贺淳樱子以及哥伦比亚大学语言与言语病理学理学硕士林旼旼的辛勤付出；感谢国家文博基地的支持；感谢上海市演讲与口语传播研究会的指导。

目 录

第三章　主动发现，我就是专家

第四章　自信"演"起来

第五章　我们的舞台

序一
与孩子一块儿成长

南开大学哲学院教授　张晓芒

　　我已经是当姥爷的人了，始终乐此不疲的是与小外孙一块儿玩。玩的内容也是五花八门，既有我小时候玩的花样，也有他那一堆又一堆的玩具与图画书本。记得一次春天里的一天，我带他在草地上玩，一边玩一边比划着教他唱我小时候的一首歌："春天在哪里呀，春天在哪里？春天就在小朋友的眼睛里。这里有红花呀，这里有绿草，还有那会唱歌的小黄鹂。"小外孙问我："小黄鹂是什么呀？"我想了想，就告诉他："小黄鹂就是小鸟鸟。"于是小外孙就给旁边路过的每一个小朋友比划着讲："春天来啦，小黄鹂就是小鸟鸟。"当时我的感觉究竟是什么，至今还是无以名状。

田佳佳老师给我传来一份书稿《思维演说＋》，这是一本针对幼儿园阶段至初中生的青少年演说课程。我认真读完后，心中似乎有些恍然。

当今世界是一个比以往任何时候都需要逻辑、批判、创新品质与能力的世界。因为，随着知识经济时代的到来，人们所面对的竞争压力将比以往任何时代都要激烈，是否具有较强的逻辑、批判、创新能力，必然要成为判断一个人是否具有竞争力的一个标准。不能输在起跑线上！于是我们就按照大人的标准来要求我们的孩子，于是就有了许许多多的填鸭式的教育。我们的论证意图好，但方法可行不可行？似乎也不好评价。

《思维演说＋》应该说是能够给我们开辟一种思路。亦即，如何在不受大人世界的限制下，仍然给我们的孩子保留一个"精骛八极，心游万仞"的天地？并在此愿望的基础上，按照孩子们的年龄特点，思考如何在知识积累的基础上，点点滴滴地培养孩子的认识、分析、评价、创新世界的素质与能力。其中既包括逻辑思维、批判性思维等智力因素的素质与能力，也包括诸多非智力因素（如好奇心、动机、意识、意志、自信、情感、性格、理想等个性特征）的创新素质与能力。它们本来就是融贯在一起的。在这个过程中，既培养、锻造孩子的各种素质与能力，也继续培养、锻造我们自己的素质与能力。在这个意义上，《思维演说＋》是很值得我们家长们认真细读的一本书。

只有大辂椎轮，才能大马金刀。让我们和孩子一块拥抱19世纪芬兰著名音乐家让·西贝柳斯所认为的，"对我们人类来说，无论是谁，都应该最大限度地利用上帝所赋予的想象力。想象是我们的至高无上的朋友"，让我们与孩子一块儿成长！

序二

口者, 心之门户

上海市演讲与口语传播研究会秘书长　**林　毅**

前不久, 我参加了一个主持新人赛的活动, 担任总评委的工作。因为是新人, 参赛选手大多都不具备十足的舞台经验。面对选手们忘词冷场的现象, 一位评委点评道: "忘词, 是因为你们都在死记硬背, 没有说心里话。"

人一旦死记硬背, 只要环境发生了改变, 让自己产生了心理压力, 出现思维空白是一件极为正常的事情。我非常理解这位评委的意思, 甚至我也非常认同他的说法。认同的理由是他细心地给选手指出了一条成长的道路——口语传播须说心里话。

随之, 问题也摆在了我们的面前。

怎么才能说出心里话?

怎么才能说好心里话?

言下之意,道理我们都懂,可是将理论付诸实践,我们依然不会操作。路漫漫其修远兮,不是你知道了尽头的目的地,便能披荆斩棘找到一条通往彼岸之路的。尤其是有些习惯需要从娃娃抓起,青少年阶段一旦错过了正确理念的植入和有效方法的指导,等到成年后再去唤醒,那需要花费成倍的经历,且还可能是一场徒劳。

从根本上讲,《思维演说 + 》一书的出现正是希望完成上述部分对青少年才智的开发。有些道理听上去很简单,谁都明白口头语言是人类思维的外化。追根溯源,这层因果关系再为明了不过。擒贼先擒王,理不顺大脑中的思维,绝无可能说得一口好话。过去的一年,我一直在致力于探索和研究春秋战国时期,古代先贤辩士们的口语传播能力。伴随着通读《史记》《战国策》等史料内容,我将前辈们的口才粗略地建构成五星评定,即逻辑性、策略性、表达力、即兴度和影响力。常驻在线移动音频的主讲工作,给了我一个惊人的发现,因面对情境的不同,先贤们留下的史料内容会让口才的即兴度和影响力受损，但大凡优秀的故事内容绝对具有精彩的逻辑和表达。这说明了什么问题？

逻辑是对思维层面的梳理，它是好口才的内部接口。无论某一段优秀的口语传播是否有备或者即兴，都无法绕开思维层面的逻辑就事论事。这样看来，《思维演说＋》的撰写过程很好地抓住了口才的"七寸"。正如作者想要阐述的那样，没有优质的语言思维，何谈精妙的自信演绎。尤其是孩子们的语言，绝不能一味地强化矫揉造作的外在表现形式，这不仅会给年轻一代做出不正确的口语传播示范，也会让整个口才培训市场沉浸在自娱自乐的教学模式中。

表达是对语言思维的呈现，它是好口才的外显端口。我们不能说有了优质的语言思维，就一定能够换来精妙的自信演绎；但我们能够肯定缺乏优质的语言思维，必然无法呈现精妙的自信演绎。这层逻辑在《思维演说＋》整本著作的大纲部分得到了顺利的体现，它将信源接收、内容转化和信息输出这一传播过程捕捉地较为清楚，较好地弥补了一系列青少年口才培养丛书的部分缺憾。

当然，书是对理论的总结，仅有一本理想的作品面世是不够的，还需要广大的口语传播工作者和教学人员以正确的理论为依托，在实践中全方位地培养青少年的口语表达能力，为社会创造一个和谐的口语传播环境。

序三

说话的魅力从哪里来

上海戏剧学院电影电视学院播音与主持艺术专业副教授　张大鹏

不管孔子的原意如何，估计孔子不太喜欢我和莜佳这样的人。子曰"巧言令色者，鲜矣仁。"可我们的工作就是让孩子们"巧言令色"。当代社会，信息传播如此重要，拥有好的语言能力和与之匹配的传播媒介，是输出力与领导力的重要组成部分。

不能否认，语言是有艺术性的，所以有些纯粹的语言类的表现形式具有很好的观赏性，比如朗诵、演播等，这样艺术化的语言，与语言的表达技巧息息相关，而这一部分的训练是有章可循甚至立竿见影的。于是，很多专业院校或者艺术院团在培养学生时，将大量的注意力放在了表达技巧上面，语音发声、吐字归音、停连重音等成为了无比重要的基本功。

是的，语言交流需要规范、语言表达需要门槛，各位前辈、同行强调的基本功我举双手赞成。但我还关注语言的另一种艺术性，那就是通过语言所散发出来的人本身的魅力。

有一年我给一家大型的国企做演讲培训。其中一个员工的演讲主题是讲安全生产。我们聊了很久，找到了一个有趣的点：因为他的爷爷、父亲和他都在同一个系统工作，在同一个岗位上，于是我让他在5分钟的演讲里就说自己家里的故事，比如他们戴安全帽的姿势都是一模一样的，他们的妻子抱怨他们工作忙的语气也都如出一辙，那些对话平实鲜活、很容易唤起共鸣；我还让他在上台的时候记得戴上安全帽——不是在工地上要时刻注意安全吗，那就让帽子不离手吧。

几天后，这名员工发微信来感谢我，我问他比赛成绩怎么样，他说被淘汰了。我心里一沉，有点懊悔。我说，对不起，大概是我帮你准备的内容不够好。他说，不是的，张老师，我很喜欢您带我写的内容，也许我的舞台经验不好，也许评委们更喜欢那些激情四射、口号叠出的演讲，但是我感觉只有我讲的时候大家是放下手机在认真听的。这一点比拿奖还让我高兴，原来我讲话是可以让大家喜欢的。

是啊，因为你讲的是真情实感，是有内容、有生活的话啊。

莜佳也给我看过一段视频。一次公开课比赛，莜佳的三个学生做了一段谈话节目，他们没有稿子、没有空话，而是用自己习惯的聊天方式引入了今天要谈的主题。3个3年级的学生，语言清晰流畅、主题明确集中、表达自然生动，我觉得非常好。但最终得奖的却不是这个节目，而是大家毫不陌生的那种朗诵式的主持"金秋十月，丹桂飘香，今天我们在这里集结……"

我听的一身鸡皮疙瘩，这是孩子的语言吗？如果孩子们都这么假模假式的说话，可怎么办？

所以，语言表达的魅力，不是来自对文本的熟练背诵，而是表达者的思维模式，以及他们用这个思维模式看世界的角度，于是，他们的语言便具有了独特性。这种独特性是他们的核心魅力。

前几年，莜佳就找到我，说是想共同研发一套关于少儿演说的课程。让孩子们真正能够说自己想说的话，从思维上引导孩子发现、探索、表达，而非只是老师写稿、孩子背稿的形式化演讲。我觉得这个工作善莫大焉，于是我们立即着手实施。

我们对思维的分类、思维的特点进行了深入地交流，因为这直接影响到课程的结构与实施。针对这个问题，莜佳还找到了南开大学逻辑学专家提供指导与帮助，为《思维演说＋》打下了坚实的理论基础。

其实文字写作也好，语言表达也罢，都是思维的外壳，是思维的延展与变型。我们的初心是引导孩子掌握多种不同的思维后，习惯用最准确合适的语言形式去表达，这也是为什么在课程名称上我坚持放上"思维"二字。

除了传统的课堂教学，我们还开始准备在多个网络平台进行音视频的教学，希望能把我们的初心和理念传递给更多的孩子。

社会的进步为我们每一个人都提供了巨大的舞台，在这个舞台上如何展示自己，如何进行交流，语言是最迅捷有效的方式。单纯的"见字发声"恐怕有一天终会被人工智能替代，但是那些闪烁着思维火花和人性光辉的表达永远不会。这是我们送给孩子们的珍贵礼物，我们也相信，带着这样的礼物，孩子们会在未来创造更多可能。

序四

演说之灵在思维，思维之器为逻辑

南开大学哲学院教师　田佳佳

作为一名逻辑学的研究者，当我向别人提起我的专业时，常有听众带着好奇提问："逻辑是什么？"此时，我常常搬出南开名师张晓芒教授在业内流传甚广的一句隐喻："逻辑是一把斧子。"若听众仍是一脸困惑，我便从我的研究角度啰唆道："我们能顺利表达并实现沟通，是因为我们有逻辑。"在"说话"与"逻辑"之间，还隔着一层"思维"。在我看来，逻辑是思维的"器"，也就是工具；而思维这东西，看不见摸不着，只能从人们的说与写之中窥得一二，而"说"由于更具即时性，则在反映思维水平方面更为灵敏了。

听众可能追问："那么，学逻辑的人，自然是都很会说话了？"很遗憾，我也常常见到逻辑学的学生在演说方面并不如何成功；也常常见到优秀的演说者并不曾学习逻辑学课程，所以这个结论，是无论如何也不必然得出的。但一个事实却始终摆在眼前：如今的大学生群体，在演说方面存在一定程度的障碍。多年课堂观察以及赛事评委的临场经验积攒了许多案例：课堂展示就等于念稿读 PPT 的，答辩现场被问到没准备的题目就语无伦次的，"有准备演讲"精致如同诗朗诵而"即兴演讲"就原地哑火的……我深知，这些学生们演说习惯之养成也并非在大学，在更前置的学习阶段，甚至学前教育时，这些种子就已经埋下了。对此，我也感到无所适从。

但莜佳老师的工作为我的困惑开启了一个出口。我与莜佳老师的缘分，全要仰赖于她对《思维演说＋》孜孜以求的探索。我们第一次沟通时，莜佳老师希望了解几个逻辑学概念的涵义与使用；而旺盛的好奇心促使我反过来询问她，究竟是怎样的教育工作会需要接触到这些看起来很生僻的逻辑学概念，而莜佳老师所展示的生动有趣的少儿演说课堂，就此为我打开了新世界的大门。作为逻辑学的研究者，我深感在逻辑学的普及方面，我们所做的工作还很不足，尚没有找到好的方式将逻辑普及落实在教育的实操之中，更遑论形成一定的普及规模了。

如今，《思维演说＋》一书终成，我相信，莜佳老师这部多年课程经验凝练之作，必能成为语言表达教育的一次有益探索，而在莜佳老师的鼓励和启发之下，新年伊始，我也将为南开大学的本科生们开设"逻辑与演说"课程，在大学生中进行"思维演说"课程的试验。我心中一直怀有一个期待，也许逻辑学的先驱亚里士多德写作《修辞学》时，也曾作如此之想：让我们国家的青少年们实现真实而自由的演说，实现人的思维乃至人本身的解放，并作为人的终极幸福，创造所有个体和整个社会的无限可能。

第一章　孩子们缺失了什么

提问？我们没有时间哎！

有业内专家提出，提问即是思考的开始。因此，今天的课我打算尝试教孩子们如何有效提问。我想着，告诉他们什么是有意义值得研究的问题，并引导他们提出好问题。于是我习惯性先开个场，问了孩子们："大家都喜欢提问吧？"（我认为好奇是孩子们的天性，应该人人喜欢）可孩子们居然没有反应，我追问了一句："喜欢提问的小朋友举个手！"令我惊讶的是仅有三分之一的孩子举手，这引起了我的好奇。

我：为什么不喜欢提问？

施谦谦（化名）：好像有一次在语文课还是品社课上，

我把手举得高高的想问老师一个问题，老师说现在不是你该提问的时候！

应安安（化名）：而且老师还经常，你提问了他说你插嘴还不守纪律。（没等施谦谦讲完，他就举起手来）

施谦谦（化名）：对的对的！

图1：孩子们生活中的提问

下课休息时，班级最活泼的一名女孩乔玲玲，笑眯眯望着我说："老师，其实我挺喜欢提问的，要是课外辅导班少一点，我就有时间想问题了。"

　　听完了孩子们的回答，我做了一个调查，出乎意料的是我班 50 名小学生中，60％不喜欢提问，20％学生喜欢提问但很少提问，只有 20％学生喜欢提问并且经常提问。据调查，上海的小朋友从幼儿园中班起，一个孩子上的课外班平均一周有六节以上。除了学校课程，我们为孩子们报了诸多课外辅导班。我们渴望孩子们优秀，我们期待孩子们出类拔萃。孩子们的确学得多看得多了，可当下孩子们居然连思考、提问的时间都没有。我们了解孩子们究竟想要什么吗？我们给孩子们规划的路线是正确的吗？我想我首先做的是，放慢脚步，静下心来，听听孩子们的声音……

他在演说吗？不，他在背作文。

年龄：四年级

人物：杨小恒（化名）

性别：男

学习情况：学习声乐及主持三年。

表达特点：班级里有名的"小话痨"，连续讲一小时话不带喝口水。

　　今天开始，我计划给孩子们进行《思维演说＋》课程的训练。我给孩子们播放了几位著名人物演说的视频。下课回家后，杨小恒的妈妈给我发了信息："孙老师，您好，谢谢您推荐孩子们看的演说视频，孩子很喜欢，看过以后我让他整理归纳，发表自己的想法。还有很多不足，请您指导，谢谢！"

视频内容：[只见杨小恒一只手拿着稿子，目光冷冷地望着镜头]

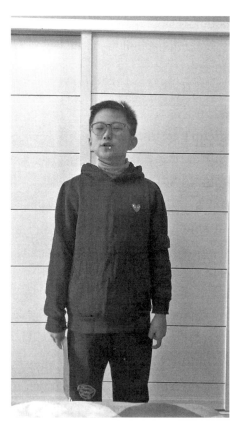

图2：杨小恒的演说

大家好，我是杨小恒，我看了两段关于演说推荐的视频（手部作二的动作）。（咽口水、停顿、眨眼睛）第一段的主题是小发明家的大计划。聚苯乙烯，想必大家都知道，它就是我们常说的塑料。塑料（忘词，故眼睛瞟了其他地方）对于我们现在的生活形影不离，你瞧，塑料柜子（作了手部123的示意动作），塑料盒子（因忘词而拖尾音），一次性筷子，垃圾袋等等。但科学家现在发现，塑料会致癌，会对我们人类造成不可预计的灾难。他的坏处（忘词而停顿）非常多（手部示意动作），有毒，无法回收（因忘词而停顿，眼睛瞟了其他地方），放进填埋场里至少要五百年才可以完全焚尽（拖尾音且边说边走）。法国是世界上首次完全禁止使用一次性塑料用品的国家，在美国（因忘词而停顿）有五位青少年组成（因忘词而停顿）的青少年项目小组，他们的科研项目（深吸一口气）就是把塑料里面的物质（点头状）转换成活性炭（因忘词而停顿，咽口水）。活性炭——大家都知道，可以制成除臭剂（点头状），防毒面具（点头状），还可以净化空气（点头状），他们经过了多次失败，为此他们申请了专利（因忘词而停顿），获得了基金会的认可，给了他们实验、奖金……

看到了这样一段视频，我当时比较崩溃，且我根本没勇气看到底。我回答了杨小恒妈妈："千万别让他再这么讲，这段视频显示他并没有在思考，要让他真正学会表达的前提是学会思考，不着急，我们共同努力去做！"

杨小恒在表达过程中，反复出现点头、咽口水、眨眼睛等状态。他在演说？不，他只是把写好的文章背下来。这个孩子缺乏了：第一，表达时快速思考的能力；第二，由于条理不清，他只能不断回忆后面一句话是什么，而不是从把握整理结构的角度去组织语言；第三，这并不是他真正想说的话，从他的表情我看出来了。这是个学习主持、表演已有三年的孩子，我想可能我们过多重视语言的外部表现，却没从根本引导孩子表达思维的方式。我第一次意识到了一个问题，话多不代表会说话。我知道自己今后要做的是什么了，我想要看到孩子们具有当众表达自己想法的能力，我想要赋予孩子们思考的力量！

未来？我喜欢？看分数吧！

　　今天，我来到杨浦区某所重点中学，他们即将进行高一高二的演说大赛，而我的任务是为高中的学生进行演说赛前辅导。我早早就到了指定教室，因为我很期待高中生们演说的风采，他们的逻辑思维能力、他们的想法以及他们的观点。不一会，来了一位老师，看似非常严厉，正在催促学生快点进教室。只见，学生们拿着笔记本，小心翼翼地走进来，他们普遍坐得很靠后。有的驼着背，有的时不时推推自己戴的眼镜，低声说着："老师好！"

　　他们看起来十分拘谨，我邀请同学们参与了一系列开声、戏剧互动游戏后，同学们松弛了不少。我们谈到选题部分。

我：想问问大家平时干些什么，喜欢什么？

同学 C：读书、学习。

我：说说看你们觉得自己与众不同的地方！

一片寂静，没有人回答我。

我：谈谈你的未来吧。

同学 D：后年参加高考，考大学。

我：你喜欢什么，你想过考什么专业吗？

同学 D：呃……主要看分数到哪个专业线。

　　我突然想起了问起幼儿园小朋友这个问题时，他们总是热情洋溢、积极主动甚至七嘴八舌地告诉我："我喜欢唱歌、我喜欢跳舞、我喜欢……我想当司机，我想到老师，我想当老板，我想当……"

　　这群是各个班老师推荐的参加校演说赛的同学，可我没有看到他们对表达想法的渴望，我感受到的只是迷茫、不自信。更令我感到不解的是，他们即将参加高考，他们是否做好选择自己今后的人生道路，而为之奋斗一生的准备。热播电视剧《小欢喜》中，乔英子对天文的执着、方一凡对舞蹈的热爱是令人羡慕的，原来不是每个人都清楚自己要什么，自己喜欢什么。

我当时有些激动，应该说我不愿接受我们正当花季，本应青春向上、热情洋溢的高中生竟是如此状态。

在有限的时间里，我带着孩子们通过实验寻找自己喜欢又擅长的领域，引导他们发现自己与众不同的地方。我相信孩子们如果了解自己的魅力所在，相信自己所喜欢的事物，这会是场精彩的演说大赛。

其实演说只是一种展示形式，演说者最吸引人的地方来源于他们的情感。把自己的喜好、想法告诉大家，把自己的与众不同展示出来，便是一次成功的演说。我知道我要做的还有很多，我也更坚定了自己的目标。我真正想要做的是通过引导孩子们用思维去主动发现自己的潜能、主动探索自身的魅力，为他们今后的人生道路指引前进的方向！

演说教育的过去与现在

 1642 年美国哈佛大学开设演说课（修辞课，课程主要是朗诵、三段论式辩论、演讲）。1810 年，时任哈佛大学（也是美国历史上）首位修辞学及演讲特殊津贴教授的约翰·亚当斯发表了其演讲讲稿，标志着美国演讲教育历史的新高潮，密尔顿大学、康奈尔大学、波士顿大学、密执安大学、南加州大学等也都成立专门的修辞演讲系。同时，学生还需要学习逻辑学作为补充。20 世纪以来，美国演讲教育专家及学者清醒地认识到，演讲不是声音和手势的表现，而是声音和行动作为一体更有效地表达思想的过程。1914 年，"全美专业演讲教师协会"的成立，标志着美国演讲教育走向了专业化的正规道路。20 世纪 70 年代，美国哲学家李普曼首倡儿童哲学课（philosophy for children，p4c）并迅速发展为"运动"而风靡世界，课程通过编写哲学故事以引领儿童进行哲学思考、锻炼逻辑思维。

美国中学在 20 世纪 30 年代开始开设演说课，并作为学分课程，如演说艺术课、辩论技巧课、讨论课、逻辑推理课以及推销术等。美国小学生并没有严格意义上的演说课，但各州对小学的口头训练有详细的要求：

德州：

在听说目的方面，要求学生能注意听讲并积极参与各种口头练习。

在对指令和提问方面能做出恰当及礼貌的回应。

在听说交际方面，要求学生能用语言清楚地表达思想感情和经历，能使用适当的道具如物体、图画颜色和图形来阐明并支持口语信息，通过归纳来复述口头信息。

加州：

美国公立学校的教育中，公共说理教育的准备从小学一年级开始，《加州公立学校幼儿园至十二年级阅读和语言艺术（教学）纲要》中对"说理"的要求提到，小学一年级"重述简单说理和叙述段落中的主要观点"；二年级"重述文本区别中的事实和道理，说清和组织要说的意见"；三年级"在说理中区别主要观点和支持这些观点的细节"；四年级"区分说理文本中的'原因'与'结果'、'事实'与'看法'的差别"；五年级"分辨文本中的'事实'、'得到证明的推论'和'看法'"。

在演说相关实践活动方面，1925 年，全美演讲与辩论联赛（National Speech and Debate Association，简称 NSDA），是规模最大的中学演讲与辩论荣誉组织，也是世界演讲与辩论领域最大的专业教练会员组织正式成立，NSDA 为会员学校和学生提供 NSDA 积分与排名服务。通过其独有的积分和排名系统，NSDA 在全国范围内建立起一个客观的学术评价体系，在美国各大学的招生过程中被广泛使用。

1984 年，以"用思想的力量来改变世界"为宗旨的美国 TED 大会诞生，大会向全球范围召集科学、设计、文学、音乐等领域的杰出人物，以演讲形式分享他们关于技术、社会、人的思考和探索。

在中国的历史上，春秋战国问世的《墨经》，是墨家在语法学、演讲论辩学，逻辑学等学科的智慧结晶，成为中国逻辑史上的学说典范。同时纵观诸子百家，在战国末期，儒、道、法、杂诸家均对己之学派进行过观点方面的总结，并皆在游说君王、论战纵横的演说实践中，将逻辑思想践行到底。我国著名演讲学家杨炳乾说过："夫思维为演说之根本，而思维与语言之真确又为演说成功之要素。如辞意暧昧误失，则虽口若悬河，声情并茂，而听者已误解其意，或不明其意，尚安能之诱动哉？较伟大之演说家，其推理必精，观察必正，而此种才能之训练，乃论理学（逻辑学—引者注）之职务。"

随着西方逻辑传入中国，严复、章太炎、梁启超、胡适等人致力于中西方比较逻辑研究，至新文化运动时期，"白话文革命"兴起，先秦时期的"名学"与"辩学"被重新提起，用于解释当代逻辑与演说教育的沿革性，将逻辑学教育引入一个新的历史时期。这一时期，胡适重新梳理先秦时期百家学说，将逻辑发展的作用一一梳理详尽；张东荪重点讨论逻辑与语言的问题，将逻辑与语言表达、论辩结合起来研究，颇具语用逻辑研究的远见。

从中小学相关教育看，《义务教育语文课程标准》2019版指出，语文课程应特别注重汉语言文字的特点对学生识字写字、阅读、写作、口语交际和思维发展等方面的影响，可以发现国家对中小学生思维与表达方面提出新的要求，而以笔试考试为主的评价体系和缺乏相关师资以及课程理论的指导是目前语文教育的现状。

通过研究历史上的演说教育活动，我发现逻辑思想是美国演说教育的根，在我国历史上，它同样在诸子百家中萌生，诞生出名学、辩学等知名学派在言辞论道上加以规范和指导，且在中小学语言教育方面也愈加重视思维与表达的能力。而今，在我们的表达教学比重里，重表达技巧而轻逻辑思维，可以说忽视了对"逻辑与语言"这一表达发展脉络的继承。或许我可以尝试将这一脉络的优秀演说者为研究对象，在逻辑学理论为指导的前提下，使其演说能力作儿童化、体系化的转化，使我们的演说教育有扎实的根。

如何让孩子具备优秀演说者的素质

纵观国际上优秀的演讲者，如 TED 演讲者。从一个青少年语言教育工作者的角度来看，我认为他们所具备的突出素质是：

1. 他们是相关领域的专家

例如美国社会心理学家、哈佛商学院教授谈《肢体语言塑造力》。她发现，动作和情绪有着直接的关系，肢体语言影响着我们的大脑和心理，改变姿势可以改变我们的内分泌脑神经的状态。她是相关领域的专家，研究深入，内容可信度高，说服力也更强。

2. 观点角度新颖且独特

例如：英国华威大学教育学教授肯·罗宾逊（Ken

Robinson）曾在 TED 大会上做过一个题为《学校扼杀创造力》的主题演讲。优秀演讲者的观点和视角总是让人耳目一新，他们敢于用批判的态度看待社会、教育等问题，他们敢于在观众面前表现最真实的一面。

3. 他们善于调动观众情绪

成功的演说都会让观众产生情绪的变化，如笑，除此之外他们会产生惊讶、感动甚至流泪的表现。例如：身高 1.05 m 的 Sinead Burke 在《小人儿的世界你不懂》演讲中分享他在生活工作中的遭遇，引发观众深深的怜悯，但她乐观坚强的人生态度又使观众产生为之感动的情绪。

4. 善于讲故事

人人爱听故事，特别是新奇、闻所未闻甚至关于个人隐私的故事。优秀的演说者会用生动、颇具表现力的语言讲述甚至表演出来。例如：休斯敦大学社会工作研究生院教授在谈到脆弱力量时，讲述她作为一个心理医生却因为自己精神崩溃而不得不去看心理医生的故事。心理医生得心理疾病的故事极大地引起了听众的兴趣。

显然，一位优秀的演讲者应同时具备主动发现、语言思维、自信演绎的能力，而如何将这些能力转换为真正适合孩子的教学手段及内容则是我近年来的主要研究领域，为此我做了以下尝试：

优秀演说家的突出能力	"思维演说＋"	运用手段	教 学 内 容
相关领域专家	主动发现	发现潜能	主动发现及问题解决逻辑练习
人物的独特性		自我魅力认知	自我观察、分析、评价能力训练
批判性观点	语言思维	批判性思维	信息处理、提问、判断、论证能力训练
善于讲故事		叙事性思维	具象描述及抽象思维能力训练
调动观众情绪	自信演绎	戏剧表演元素	语言、非语言表现能力训练

手段 1：发现潜能

我尝试引导孩子主动发现自我潜能，教授其问题解决的方式方法。故孩子们会在潜能领域进行问题解决，鼓励孩子们成为自己潜能领域的"小专家"。过程中，我也发现了一些成功案例，如古诗词小达人研究杜甫在唐朝的知名度、乐高迷研究什么物品是乐高搭不成的等。

手段 2：自我魅力的认知

戏剧小品、情景朗诵等表演形式，有舞台调度、舞美、角色塑造等元素相互穿插，观赏性较好，而演说靠的是创新观点、内容的深度，就表演形式而言较为单一。可孩子们的思维受到年龄限制，观点的深度广度都比较局限。所以孩子本身的独特性就显得更为重要，如不能突出自己的魅力、与众不同之处，演说则不会吸引人。故我总是不断地强调你的独特、不同是什么，并要求与演说主题融合讲述。这个过程实际是孩子们自我观察、自我分析、自我评价能力的体现。慢慢地，这也变成了孩子们自我认同、自身魅力认知的有效方法。

手段3：批判性思维训练

我认为演说不单单是一种语言呈现，它更应展现思考的过程。它需要演说者同时具备信息处理能力，即为自己的演说收集相关材料，并应用分析、比较等方法得到一定结论；提问，即以问题为导向，在解决问题的过程中得出自己的观点；判断，即理性分析一切信息的真实性、可用性，判断研究方案的可行性等；论证，即利用一定推理技巧，寻找证据支持自己的观点。上述技能，无一不要求我们具备清晰、准确、精确、相关、深度、广度、逻辑、重要、公正等思维标准。故我引入了批判性思维的训练方法，使演说技能训练具备一定理论基础的支持。

手段 4：叙事性思维训练

通过研究，我发现在演说中，一个好的故事需要具备给予听众身临其境之感的画面性、故事逻辑的严谨性、对观点的高支持度、强说服力等特点。根据逻辑学对思维的分类，我们将其归类为叙事性思维，并通过具象性思维及抽象性思维训练手段提升孩子们运用故事技能进行演说的能力。

手段 5：戏剧表演元素

在《思维演说＋》的课程设计中，戏剧表演元素的应用分为两个块面。第一方面指外化形式，如我们掌握了演说的核心思维能力，可不具备语言、非语言的表现力将思维内容通过大家喜欢的形式外化，同样不能吸引人；第二方面的应用主要是丰富教学形式，如在演说思维部分的训练中，有些原理以概念为主，且比较难理解，为了让孩子们能接受，我们会使用戏剧表演游戏的形式来教学。如我们提到具象思维的概念是个体对其意识中的物象资料进行有目的加工（构建、运演、判别）的操作活动。我们会使用戏剧表演游戏，让孩子们先设计剧情，并通过静态肢体动作将其表演出来，最后进行画面感讲述的学习，该练习

图 3：具象思维与戏剧教育训练结合案例

体现了具象思维的加工、肢体应用到延展的过程。深奥的逻辑学概念，通过戏剧游戏的形式，孩子们不但觉得有趣、玩得高兴，也在不知不觉中提升了该方面能力。见图3。

《思维演说＋》应运而生

　　显然，要实现如此多元化的目标并不是一件容易的事，因为它们涉及面太广，甚至是跨学科。其中逻辑学的介入，与戏剧教育的融合，对于我而言更是一次挑战。

　　过程中，我找到南开大学哲学院教师田佳佳，为课程提供逻辑学理论支持；上海戏剧学院播音与主持艺术专业副教授张大鹏、表演专业教师孟聪为课程提供戏剧、台词教育理论支持；2019 年 6 月，在前往美国纽约的学习交流中，我邀请加州大学伯克利分校儿童心理与认知学博士陆广橐，哥伦比亚大学语言与言语病理学理学硕士林旼旼为课程提供儿童语言、思维等方面理论支持。另外，在与美国维亚康姆（Viacom）集团旗下 VH1 音乐频道原 CEO、

图 4：与 ED、Aaron 关于 TED 的愉快交流

TEDx 演讲者 ED Bennett 以及 Tedx Fulton Street 发起人 Aaron 的交流中，我了解到了 TEDx 的组织策划流程。Aaron 与我们分享到，他曾历时九个月制作了一期 TEDx Youth 的活动，这也让我了解到有关青少年演说活动的展示手法。《思维演说＋》应运而生，它不单单是一套课程，一次表演机会，它是孩子发现自我的过程，它是孩子们表达想法的舞台。

每一个孩子都有表达想法的权利，每一个孩子都是天生的"演说家"。我们的工作是思维引导、方法传递，赋予孩子们思考的力量。《思维演说＋》会带着孩子们一起发现未来、创造未来，然后用最有力的语言、最真挚的情感将其展现给大家！

第二章　思维决定语言

表达分一分，你是哪一类？

在《思维演说＋》课程试验过程中，根据孩子内在思维、外在表现的不同与我的观察，我把孩子们的当众表达大致分成以下几类情况：（以下分类针对幼儿园至小学阶段孩子）

第一：不善表现、被动思考型

- 主要表现：较为内向，不愿开口表达。声音较小，不主动与人沟通。需要当众表现时，往往较为羞涩。看似学习认真，但接收信息不多。

- 干预手段：通过戏剧教育手段提升自信及表现力；引导其发现天赋及喜好，尝试寻找自身魅力，在天赋及喜好领域多鼓励其思考、探索。

第二：不善表现、积极思考型

- 主要表现：内在思维能力较强，外在表现力稍弱。这样的孩子往往非常有想法，性格比较沉稳，认为一定要准备充分才能进行表达，看似像个"小大人"。有时缺乏冲劲，缺乏接受挑战的勇气。

- 干预手段：通过戏剧、台词训练手段，加强语言外在表现力，提升自信，多给予其思考的空间及表达展示的平台，甚至有时需要"逼一逼"，他们会有令人惊讶的表现。

第三：善于表现、被动思考型

- 主要表现：这样的孩子往往性格十分开朗，爱说话。给他固定稿件背诵，他会情绪饱满，激情澎湃。但表达自我时，常常重点不明，逻辑不清。有时，说了很多可别人还是不能理解他所表达的意义。实则缺乏思维能力，或是思维速度跟不上语言速度。

- 干预手段：加强语言思维训练，多鼓励其使用思维方法进行表达。但不能过急，以免伤害孩子自信。

第四：善于表现、积极思考型

- 主要表现：有自己明确喜爱的事物，且对事物充满好奇。渴望表达、热爱表达。

- 干预手段：我们要做的就是给予他演说实践的指导，

  并且给予其更大的展示舞台，期待其绽放光芒!

作以上分类，只为更好地了解孩子、帮助孩子。我认为每个孩子都应具备一定演说能力，只是在不一样的舞台展示。如我们的教学只是停留在表面功夫，告诉孩子你应该讲这些，甚至为他写稿，这并不是孩子的想法、孩子的语言。我们要做的应该是激发他们思考的欲望、引导他们思考的方法、给予他们表达的技巧。在之后的课堂案例与方法应用中，大家会有更详细、直观的理解。

牛顿思维的奥秘

——如何有效提问

（此方法适用于 7 岁以上孩子）

人物：张心心（化名）

年龄：11 岁

表达特点：善于思考，有一定表现力。

　　我们今天来聊一聊什么是有效提问。有人会问，这与演说有什么关系，学会提问能提高语言表达能力吗？当我们纵观国内外优秀的演说家，比如大家都熟悉的 TED 演说者们，他们的演说最重要是靠什么吸引人？当然有独特的人格魅力，幽默的语言，但我认为最重要的还是他们独特的观点，看待问题与众不同的角度。如何才能产生这样的观点呢？那就是深入思考，有效提问即是深入思考的开始。所以我们可以说，精彩的演说其实是呈现一段有逻辑地、独特的思考过程。

教学，从我给孩子们讲的一个故事开始，"牛顿这位家喻户晓的物理学家、数学家，其实他当时差一点就不能发现万有引力了。"看到孩子们惊讶疑惑的表情，我的故事就开始了。"有一天，牛顿正在苹果树下睡觉。'哦哟！'他睁开眼睛一看，原来是一只苹果掉在了他的头上，牛顿拿起了苹果，千万个小问号从他的脑袋里冒出来。首先，牛顿如果没有产生疑问，就没有我们今天熟知的万有引力了。可牛顿到底产生了什么疑问，万有引力才被发现的？"

如果牛顿提出的疑问是："这只苹果砸得我好疼，这只苹果到底有多重？"我们的回答是 150 至 200 克。牛顿："这只苹果有多大？"回答：直径有 80 mm。如果牛顿看了看这只可爱的苹果，留下了口水："这只苹果熟了吗？我可以吃它吗？"回答：熟了！试想，以上这些问题，对万有引力的发现没有一丝帮助，伟大的万有引力就不能被发现了。

如果牛顿提出的问题是："为什么红色的苹果比黄色的苹果更漂亮呢？"回答：因为我喜欢红色。牛顿："什么样的苹果更好吃？"回答：甜甜的、脆脆的苹果或者是酸甜的苹果……如果牛顿提了这类问题，万有引力也不能被发现。

牛顿："苹果为什么会从树上掉下来？"

回答：我们来设想下，要回答这个问题需要了解什么。

1. 苹果会不会和小鸟一样有翅膀？

2. 有人推了苹果，那是谁呢，是外星人？是偷苹果的贼？

3. 这个苹果和其他没掉下的苹果有什么不一样吗？

为了回答以上问题，牛顿看了很多书查阅了很多资料进行研究，最终发现是谁推了苹果，它就是"万有引力"。

这就是有效提问，一个普通人可能提的 70％ 以上的问题都是第一类与第二类的问题，可能这些都是属于无效提问。事实是第三类问题的提出推动科学的发展、人类的进步。当孩子们意识到有效提问的重要性，我们开始进行有效问题练习，以学生张心心为例：

第一步：初步研究你所要提问的领域

首先，我们需要对将要提问的领域有一个初步的认知与了解，尽可能看得全面。

我：你近期看得最多的是什么方面的信息呢？

张心心：我一直对服装比较感兴趣，所以了解得也比较多，我平时也喜欢服装画画设计图，我的梦想在 18 岁前设计出 100 套服装。

我：哇，好厉害。那我们就围绕服装来提问。

第二步：缩小范围，提出问题

细化主题，缩小提问的点。对于自己已提出的问题，可以作一个记录。

我：你都画过些什么样的设计图啊，或者你喜欢研究服装的哪个方面？

张心心：其实我看得蛮多的，面料什么的都看。不过我最近去了一次杭州的古镇，那里很多人穿汉服拍照的，我觉得蛮有意思的，我们就讨论汉服可以吗？

我：当然可以啊，你可以试试对汉服提问。

张心心：老师，你喜欢穿汉服吗？从古至今，汉服都使用过哪些面料？怎么才能设计出保暖又方便的汉服？

我：真棒！我们进行下一步。

第三步：查看关于这些问题的资料

我们通过查看资料，可以判断哪些问题已有明确答案。看看关于这些问题大人们作了哪些研究，或是还没有人做过相关研究。

我：所以这一步我们要来判断一下这些问题可能性的答案。

我：第一个问题，我也可以回答你，不喜欢，因为我觉得不方便。穿出去我怕吓着别人。第二个问题，我们查一下，资料显示有雪纺、棉麻、真丝等等很多面料。第三个问题，我们来看下资料。有人提到明朝汉服冬天会使用交领短袄和褶裙，如果是在扛不住寒风的话可以使劲往短袄里面塞衣服。要穿起来方便的话，有人提到阔腿裤就是汉服方便化的设计。

张心心：可老师我的提问是怎么才能设计出保暖又方便的汉服？

我：没错，看来你的问题，并没有很明确的答案。

第四步：从判断可能性答案的角度进行问题分类

根据对可能性答案的判断与研究，我们可以对问题进行分类。比如对于已经有答案的问题，我们就可以先排除啦！

张心心：老师，那我第一个问题就是喜好问题，第二个问题是事实问题，第三个问题是有效问题。

我：有效问题就这么提出啦，不过我很好奇，为什么你会提出这个设计保暖又方便的汉服这个问题呢？

张心心：因为我去杭州古镇是冬天，那里哥哥姐姐大冬天穿汉服拍照，我感觉蛮冷的，而且他们的裙子很长，走路都提着裙子很不方便。我就上网看了汉服的资料，发现长裙就是汉服的特点，还有我看了它的材质。事实上，我们冬天都是穿羽绒服的，所以我就想能不能改善这样的情况。

我：真棒，你刚才的思考就是按照我们的四个步骤哦！首先，你已经做了很多功课有不少积累，你也做了观察以及初步了解，所以引发进一步的思考，并在进一步的研究中又作了判断，最终才得到了一个值得研究的有效问题。

大家发现了没有，提出有效问题的过程其实就是反复思考、判断、观察、查看资料的过程！有效提问是深入思考的开始。所以提问可没那么容易哦！在上述操作后，我带着孩子们共同来尝试解决一个个有效问题，我并不在乎是不是真的能解决这些问题，哪怕只是更进一步的思考，也可成为观点。或许在未来的某一天，会有下一位牛顿从这群孩子中诞生呢？

《思维演说+》小课堂

答案单一、属于知识类的回答，这类问题就是事实类问题！

答案和个人喜好有关，这类问题就是喜好类问题！

答案有很多种可能，但究竟是哪一种，需要我们深入研究判断，这类问题就是有效问题！引导孩子提出有效问题，做好深入思考第一步。

大灰狼很坏
——观点和事实分清了吗

（此方法适用于 5 岁以上孩子）

人物：王小媛（化名）

性别：女

年龄：12 岁

性格：活泼、好胜心强、表现欲强。

表达特点：善于思考、表现力强。

在我们熟知的《狼来了》《三只小猪》《小红帽》《小兔乖乖》等故事中，大灰狼都是反面角色。随意问问各个年龄段的孩子，普遍会认为大灰狼是"坏蛋"。今天的课上，王小媛作了一段即兴演说如下：

我觉得狼其实比鹿要仁慈很多。在大家的印象里，是不是狼都很坏很邪恶，而小鹿都是一种善良可爱的动物？事实上，在动物园里工作的叔叔阿姨会对这样的观点表示否定。

我们从狼和鹿的表现上来看，狼是一种群居动物。如果动物园里来了一群新狼，完全可以把他们与原来的狼放在一个住处。狼不会去刻意地欺生，也不会无缘无故去伤害别人。两头狼如果打架了，有一方已经认输或者说已经趴下了，狼会有一个很特殊的动作，一只狼这么咬着另一只，另一只不会把脖子遮掩得死死的，它会把脖子这样转过来，直接送到咬着它的那只狼的嘴巴下面。但是这只战胜的狼一看到这个动作就明白了，它认输了不能再打了，这是在狼群里墨守成规的一种法则。所以狼是一种讲规则的动物，不会赶尽杀绝。

大家有没有读过沈石溪的作品，他写的故事一般都是很写实的。其中就讲到有一个郭老头，他是鹿院的管理员，他有一天在给鹿梳毛。他看到一头母鹿，脖子上面粘了草汁，他就用梳子去梳。他旁边一头公鹿，眉心有一颗红痣，是他从小养大的。它小时候被雨淋湿了，郭老头把它带回家，还用棉被给它保暖。可是它看到郭老头给母鹿梳毛，就用鹿角把郭老头的肩顶出一个血窟窿。然后还它还继续顶，不罢休，直到保安到了，用电警棍才制止了这只公鹿。所以鹿是不懂得感恩的。

同学补充：

老师我觉得还可以加一个案例，就是我看到一则新闻，讲的是国外有一位超市的老板，看到有一只小鹿进了他的店，觉得鹿很可怜就给它吃的，结果晚上这只小鹿带了一大群兄弟来超市把食物都吃光了。我觉得这也说明鹿很贪婪。

同学补充：

我在一本书上看到，大部分的犬科动物都是懂得感恩的，而狼也是犬科动物。

王小媛：

因为鹿是一种食草动物，食草动物在被其他动物袭击的时候，只有你比它跑得快，要不就只能被它踢、被它咬、被它顶。所以我觉得狼要比鹿仁慈。

王小媛的话题得到了同学们的共鸣。其实生活中的狼有优点，并不是个十恶不赦的"大坏蛋"，为什么孩子们会有这样的固有认知呢？

《思维演说+》小课堂

把外来的信息照单全收，不作批判性思考，即没有分清事实与观点。

的确，我想说有的孩子缺乏表达观点的能力，因为他们甚至不清楚观点是什么，也分不清观点与事实。观点指的是个人对于观察事物得到的看法和立场，而事实是客观存在的事物或现象，人们可以对某个事实发表自己的观点，也可以用某个事实来支持自己的观点。为什么孩子从小要学习区分观点与事实？拿"大灰狼是坏蛋"举例，我们总是习惯性告诉孩子，大灰狼是坏蛋，会吃人。可能在孩子们心目中，它成了一个事实。可事实上，非但没有科学证明狼是有害动物，狼还是国家二级保护动物。"大灰狼很坏"只是人们听了一些童话故事后，表达的个人观点。

目前，我们处于一个信息高度发达的社会。孩子们接收信息的渠道有些是我们无法强制管控或是制约的。如他们无法区别观点与事实，错把个人观点当成事实，对其正确三观的形成，可能会起到不良的影响，而在演说中，一方面我们会使用事实来证明自己的观点，这样对于观点的说服力会大大增强。如无法分辨观点与事实，孩子们选用别人的观点来证明自己的观点，其论证的逻辑性也会出现漏洞。另一方面，将别人的观点当成事实，孩子们的观点可能也会出现偏差。

但区别事实与观点并不是一件容易的事，这与孩子们的知识储备、信息渠道都有直接的关系。故我认为，我们需要从小培养其区分观点与事实的习惯，把它当成一颗小种子埋进孩子们心中，并让其随着他们年龄的增长，生根发芽。下面与大家分享几个我们在教学中使用的方法：

1. 找词语（适用于 5 岁以上孩子）

观点是主观性的，如个人喜好、个人理解；事实是客观的。例如，冰淇淋是用牛奶做的（事实），冰淇淋很好吃（观点）。

对于年龄小的孩子，可引导其寻找明显表达观点的关键词来区别观点与事实，如：我认为、我觉得、我想、好、很漂亮、很讨厌等。通过找词语的方法，帮助低幼孩子初步理解何为观点。

2. 合理使用媒介（适用于 7 岁以上）

我们鼓励孩子在家长的协助下通过书籍、网络等方式，从查找事实来源的角度来区别观点与事实。如蝙蝠是哺乳动物，我们可以引导他们通过书籍的方式了解，这是科学家已经证实的事实。

3. 表达（适用于 7 岁以上孩子）

在有了初步认知后，可以尝试引导孩子表达观点。有时，我们过多强调概念，不如在实际应用中告诉孩子们其实你的感受就是非常好的观点。

第一步：给孩子听故事，引导其表达对故事中人物的喜好类观点，并选取故事中的元素支持观点（不认字的孩子可以用图片引导）。

例如：听了龟兔赛跑的故事，我喜欢乌龟，因为它面对困难不放弃，迎难而上。它最终靠努力战胜了兔子。

（可参考思维导图的合理应用中"我喜欢 XXX"元素演说）

第二步：个人理解类观点的表达。顾名思义，理解性观点建立在孩子对于某些事实或现象的思考与判断。我们可以引导孩子从问题角度出发，通过自己的调查、研究，得到理解性观点。如对于官方新闻发表观点，有利于理解性观点的提出。如某新闻提到儿科医生缺乏，造成排队 3—4 小时才能看上医生的现象。有孩子通过研究提到儿科医生普遍收入偏低、工作量大，故而应该提升儿科医生收入的观点。

问题如何解

（此方法适用于9岁以上孩子）

培养孩子解决问题的能力，在《思维演说＋》中有两层意义。第一，它是课程教学的重要目标之一。第二层，则是指在某一以问题为导向的演说中，孩子应用什么样的思路来解决这个具体的问题，从而进行完整演说，这也是本文要与大家分享的内容。过程中，我这样引导孩子：

第一步：解决方案的设计

对于孩子而言，解决方案的设计是个难关，我总是告诉孩子先问问自己解决这个问题我需要了解些什么？比如我的有效问题是如何才能设计出多功能汉服？我需要了解1. 面料。2. 现在汉服不方便的地方在哪里。3. 衣服的使用者觉得什么是方便等。

为什么不是直接提出解决方法的猜想与假设？对于年龄稍大的孩子，我认为猜想与假设是非常好的方法、且它也是科学探究的一般过程，而对于年龄稍小的孩子而言，因为受到知识储备及思维深度等限制，他们可能无法把握猜想与假设的合理方向。故我们解决方案的设计是为了鼓励其通过收集资料、查找信息等过程，产生进一步的思考，而非将问题解决作为第一目的。

第二步：建立以有效问题为中心的思维导图

思维导图是一种工具，我们思考的逻辑才是建立导图的关键。故我们将需要解决的有效问题放置导图中间，时刻提醒自己研究的核心是该问题。之后我们将设计解决方案与大量的资料收集通过导图形式连接，只需展示关键词即可。一方面在提炼观点时，便于提示孩子清晰表达。另一方面在正式演说时，我们甚至不用演说稿，通过这样的方式可以轻松进行。

第三步：资料收集

这一步中，我们要把握的是收集什么资料，如何收集以及如何判断资料的可用性。首先，我们需要明确收集资料是针对上一步设计的解决方案进行。随后，我们可以引导孩子通过书籍、网络、调查等手段收集资料。我发现对于孩子而言最有效、且最便捷的查找资料手段就是通过互联网，但在大量信息中应该如何引导其判断资料的可用性呢？第一，看信息六要素的真实性（时间、地点、人物、起因、经过、结果）。第二，信息的出处和来源（背景调查、是否权威）。第三，提供信息的人（背景调查）。通过上述步骤，我们可以引导孩子初步判断信息的真实性与可用性。

第四步：表达观点

在完成上述练习后，孩子要进入最后表达观点的环节。这是一个十分重要的思维过程，有时表达需要总结、归纳等思维方式，有时还需要一定的逻辑推理。如演绎推理，这是由一般到特殊的推理方法，鸟都有翅膀，老鹰是鸟，所以老鹰也有翅膀。过程中，我们需要找到包含与属于的因果关联。王小媛曾提到"狼很忠诚"的观点就是应用了演绎推理，她收集到的资料是，狼是犬科动物，犬科动物都很忠诚，所以她得到"狼很忠诚"的观点。

我们会发现想要尝试解决一个问题，是一个庞大且复杂的思维过程，需要运用多种思维技巧。但孩子通过问题的解决而得到的观点，那是属于他自己的真实想法，更值得我们尊重与保护。

《思维演说+》小课堂

问题解决的过程需要：第一，设计解决方案的设计；第二，建立以有效问题为中心的思维导图；第三，资料收集；第四，表达观点。

因为它可爱、它很可爱、它非常可爱
——精确讲述离不开细节

（此方法适用于 7 岁以上孩子）

当我们请孩子描述妈妈、玩具等喜欢的人、事、物时，他们是不是时常会这么回答，我妈妈很漂亮，她非常非常漂亮；我喜欢这个玩具，因为它可爱、它很可爱、它非常非常可爱。

孩子讲错了吗？并没有！但这三个重复的形容词并不能突出这个玩具的可爱之处。孩子们在语言表达上缺乏细节描述，换言之缺乏精确化的讲述。精确是批判性思维的一个重要思维标准，在演说中，精确化讲述给予听众更直观的信息、说服力也大大增加。我在课堂上这样引导孩子：

第一步：看一看

结合孩子们喜欢的动画片，尽量选择人物性格鲜明、有趣的片段，利于孩子们学习精确讲述的技巧。以《哪吒之魔童降世》为例。

我：今天要给大家播放一个动画片片段《哪吒之魔童降世》。这一段讲了太乙真人受命将灵珠托生于陈塘关李靖家的儿子哪吒身上，可是阴差阳错，灵珠和魔丸被调包了。

我：请大家说说看动画片里太乙真人有什么特点呀？

第二步：找一找

找到动画片里塑造人物特点的有关情节，它往往是一些细节处，引导孩子一起把它们找出来。

孩子：我觉得他很迷糊。

我：你从哪里看出来他迷糊啦，动画片里的情节？他的表现？他的表情？

孩子：他见李靖的时候，不是正常走进去的，而是掉下来的，还被自己的坐骑大胖猪坐在屁股下面，他怎么挣扎也起不来。在向李靖介绍自己的时候，上面石头掉下来都不知道，结果被砸了。

孩子：他很爱喝酒。

孩子：他在天上飞的时候，喝得胖脸蛋通红，口水也流出来，可他还逼着他的胖胖猪一起喝，很危险的。还有哪吒要出生的关键时刻，很紧张的，他嘴上说不喝，还批评送酒的人，说他有病。可是他还是一直盯着酒看，人一走马上端起酒瓶了。他喝的时候，眼神迷离，好像很开心，眉毛也一抬一抬的。

第三步：演一演

我们结合戏剧表演的方式，让孩子们加深对细节处理的印象。让大家把这些情节或者人物表情等表演一下。

第四步：用一用

引导孩子进行身边人物特点的细节讲述，也就是生活实例中的细节运用。我们可以强调"爸爸动画片"或"XX人物动画片"的概念，把生活事例当成动画片，把讲述人物当成动画片里的主人公。让孩子用看动画片的视角来看身边的人物，每一个人物都会因此而变得戏剧性，细节好像自己就跑出来了。

我：大家说得很好，这就是细节，用最细小的事情，比如一个表情、一个动作、一个情节等来证明他的特点，大家会觉得很有趣对不对？现在，我们来尝试说说我身边的人物。我们把"这个人"曾经做的事当成"动画片"，比如我讲爸爸的特点，那我就从"爸爸动画片"里挑细小的、具体的事情来证明他的特点。

孩子：我爸爸爱看手机。他有时候在厕所还要看手机。

孩子：我妈妈喜欢化妆，她有很多很多化妆品，桌子都放不下，而且她一化妆要化……好像要一个小时。

细节讲述的知识点通过动画片和人物表演的形式让孩子们理解，再通过讲述身边人物的"现实版动画片"进行实践与运用，精确的思维标准就这样悄悄埋进了孩子们的心。

《思维演说+》小课堂

精确离不开细节，精确是批判性思维的一个重要思维标准，在演说中，精确化讲述给予听众更直观的信息、说服力也大大增加。

思维有结构、表达更清晰
——思维导图的合理应用

（此方法适用于6岁以上孩子）

人物：李小诚（化名）

性别：男

性格：活泼开朗、是大家的"开心果"。

年龄：8岁

表达特点：语言表现力强，有感染力；非常爱说话，"话痨"型人物；但总是让人听得云里雾里，他到底想要讲什么？有时讲"high"了，连他自己也搞不清刚开始想要讲什么了！

人物：陈小琳（化名）

性别：女

性格：较内向

年龄：11 岁

表达特点：不太主动，邀请她也愿意开口；但有时讲到一半，会愣住了，不知后面该讲什么。

　　当你的孩子在表达时，会不会遇到像李小诚与陈小琳的情况？我们是不是总会把它归结于紧张，告诉孩子不要紧张、要放松？其实不然，紧张并不是"罪魁祸首"。缺乏一定抽象思维，没有建构起思维框架才是根本原因。为此，在课堂中，我们尝试应用了思维导图：

1. 5—7 岁阶段：

　　● 思维特点：儿童更关注事物的显著特征，即将知觉感知到的视为事实，缺乏逻辑与推理思维。

　　● 方案：用"小太阳"（小型思维导图）完成自我介绍。

　　——用绘画代替写字

　　——小型思维导图指的是围绕中心，仅只有一层结构

　　——描述"我"的时候，想想我和别人不一样的地方

　　● 目标：能完整作自我介绍，有基本结构意识

图5："我"的"小太阳"

● 案例：

鲍小阁（化名）（6岁）：我的眼睛很小，我有个笼子，里面养了一只虫子，我有很多很多玩具。

这是个开朗，有时有些小毛躁的男孩，当做练习时他突然激动地告诉我，我想不出，我就是想不出来。我告诉他，放轻松、静下心来咱们想多少就画多少。他能接受，开始思考，并且主动举手完成导图讲述练习。

● 分析：当我们在激发孩子思考时，除了要考虑他们感兴趣的内容，也需考虑孩子的接受度。太过强硬、并不能激发其主动性。但对于有些性格比较开朗、也比较急躁的孩子，有时思考耐心不足、也需要我们鼓励与支持。

2. 7—10岁阶段：

● **思维特点：** 初步形成逻辑的思维结构，思维方式从具体化逐渐发展成抽象化，从序列以及多维度对事物进行分类，开始出现具体运算图式。

● **方法：** 听了故事后，用思维导图说说你最喜欢的人物。

——完成两层思维导图

——中心是表达我喜欢哪个人物的观点

——第一层是构建喜欢该人物的原因

图6：苏小为的"我喜欢"

——第二层从故事中找到证据支持该原因

● 目标：建构简易思维框架，理解运用因果关联及论证基本逻辑，理清结构逻辑。

● 案例：

小品《爱照镜子的狮子》

狮子（郁闷地自言自语）：为什么找面镜子那么难，这些小动物，没一个有用的，找来的镜子把我照得那么丑，我有那么丑吗？

小白兔（自信）：威猛的大王，这是我妈妈留给我最美的镜子，每天我都对着它梳洗我白白的皮毛。今天我把它献给大王。

狮子：好的，拿来我看看。（照镜子）什么！这还叫好！给我拿走！把兔子给我抓起来！

小白兔：大王饶命啊！

小熊（害怕）：神勇的大王，我的镜子最华丽了，请您看看！

狮子：（照镜子）大胆！本大王照了你的镜子更难看了，你们、你们，竟敢戏弄我！我要吃了你！

狐狸：等等，大王，您先看看我的镜子！我英俊的狮子大王，快看看您真正的面貌吧，您看看您金色的毛发简直比孔雀还要美丽，您是森林里最美丽的动物呀！

狮子：哈哈，这面镜子最好！

苏小为（化名）（8岁女孩）：

我最喜欢小白兔，第一她热情。她很开心和国王讲话，她喜欢笑，她笑起来也很漂亮；第二她很自信。她是蹦蹦跳跳上去和国王讲话的；第三我觉得她很美丽。她全身都是白色的毛发，她像穿着白纱裙的小公主。

● 分析：结构层次较清晰，观点明确，讲述者应该也是一个爱美的小女孩。

3. 10 岁以上阶段

● 思维特点：儿童抽象逻辑思维逐渐形成，儿童思维跳出具体事物束缚，具有更大灵活性，学会了对命题及假设进行逻辑推理等思维。

● 方法：利用思维导图阐述问题解决的过程。

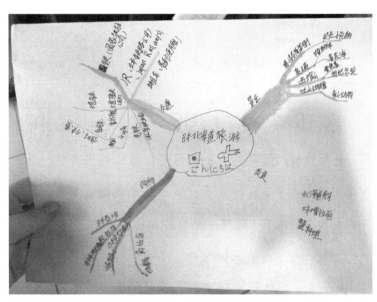

图 7：解决问题型导图

——导图中心是一个有效问题

——第一层讲述要解决这个问题我需要了解以下几个方面

——第二层以后讲述每个方面我做了详细的资料调查及了解（记录关键词）

——可用导图粗细展示你想要强调的主次

● 目标：了解科学探究的过程，通过导图理清问题解决的思路。

● 案例：

曹小余（10 岁女孩）：我想问为什么我们家的乌龟总是要爬出水缸？为解决这个问题，我需要了解：1. 乌龟的习性。首先乌龟的习性是水陆两栖性；2. 喜欢的环境。乌龟喜欢的水温是 25—30 摄氏度。3. 喜欢的食物。它喜欢的食物是小鱼和小虾。所以我就在思考它总爬出水缸的原因是：第一它是水陆两栖性，不可能一直待在水里。第二我们家的水温是 20 度以下的冷水，冬天就更冷了。它可能嫌冷了。第三喂给它的食物是些饲料等，它可能不喜欢。而且在水缸旁边我们还放着小金鱼缸，它可能对小金鱼更感兴趣。

分析：层次清晰、因果关联成立，问题解决思路较清晰。可能大家会觉得逻辑上还有很多问题，比如只有这三条解决方案不够全面、甚至不成立；我想说的是，我们给予孩子是思考的方法。三年级的孩子受到其理解能力及知识储备的影响，她的方案提出及思考方向肯定是不完善的。但她掌握了这样的方法并被激发了思考欲望。未来的某一天，她可能会利用这样的方法解决其他问题。

《思维演说+》小课堂

思维导图是一种表达发散性思维的有效图形思维工具，根据孩子的思维特点，进行有效引导，帮助孩子解决"语无伦次"的表达问题。

答非所问怎么办
——"关系型"思维训练

（此方法适用于5岁以上孩子）

与人沟通时答非所问了？孩子年龄小，我们或许可以把原因归结于对问题概念理解不足，才造成回答中的"概念"偏题，导致答非所问。可是，随着孩子年龄增长，理解能力逐步发展，答非所问现象并未好转，更经常出现作文偏题的情况。那我们可以考虑另一种因素，即"关系型"思维敏感度不足。

简单来说，"关系型"思维敏感度不足就是看待事物是孤立的，对于句子里面的关键词，缺乏"延展性"的理解，无法从一及二。在少儿演说中，我们的关系型思维主要运用在支持观点的证据寻找上。缺乏一定关系型思维的孩子，他的演说主题往往不鲜明，证据与主题缺乏联系，让听众听得云里雾里，不明白他想表达什么。在这里，我想与大家分享在课堂上通过戏剧游戏的形式，强调"关系型"思维训练的案例：

游戏一：树的"联系"

人数：30 人内

年龄：幼儿园大班

规则：放任意道具代表树，小朋友们可以想象任意与树有关联事物，然后用肢体动作来呈现。如一位小朋友：我是树上的叶子。后一位小朋友可以选择扮成与树或是与叶子有关的事物，以此类推。在所有小朋友都参与这幅"画面"后，要想办法离开"画面"，离开画面也要符合逻辑哦！

孩子集体展示成果：

树、叶子、树上的石榴、石榴熟了有一只掉在地上了、树下的小花、浇花的小朋友、浇花小朋友扔的香蕉皮、在树下野餐的小朋友、在树下休息的小猫咪、树上的鸟窝、鸟窝里的小鸟、树边的小房子、小房子的房门、树边的小河、小河边的石头、小河里的鱼、小河上的小桥、（其实这是一个公园）公园管理员。见图8。

图8：树的"联系"练习成果

大风吹来，叶子被吹跑了、树上的石榴掉在地上了、树下的小花被吹散了、在树下野餐的小朋友回家了、小猫咪跟着小朋友回家了、大风把鸟窝吹掉了、小鸟飞走了、浇花的小朋友要回家了、浇花的小朋友捡起了香蕉皮扔进垃圾桶了、浇花的小朋友捡起了地上的大石榴吃、公园管理员下班回家了、小河水被人们污染了小鱼死了、浇花的小朋友把小河边的小石头踢进了河里。

（剩下的房子、房门、树边小河、小桥无法解决。在大家的共同讨论下，设计了一个方案：公园要整修，重建，所以暂时闭园了。）

在这个练习中，孩子们为了要参与集体"画面"，他们会积极思考及联想，且孩子们可以任意选择"画面"中的人、事、物与其产生关联，没有对错。但如产生重复，我们可以适当介入引导。如有的孩子提到我是大树旁的小猫，紧接着别的孩子提到我是大树旁的小狗、大树旁的狮子、大树旁的熊等，与同一事物产生的平行关系则属于重复。

该练习适用于低年龄段孩子"关系型"思维的训练，生动有趣且有一定成效。

游戏二："联系"

人物：洋洋

年龄：5 岁

人数：2 人

规则：如接龙游戏一样进行"联想"。

我：我是树上的叶子

洋：我是叶子旁边的蜂巢

我：我是蜂巢里的蜜蜂

洋：我是蜜蜂采的花蜜

我：我是装花蜜的罐子

洋：我是搬罐子的人

我：我是搬罐子人的妈妈

洋：我是搬罐子人的妈妈的爸爸

我：我是这个爸爸身上穿的风衣

洋：我是风衣上的扣子

我：我是扣子上的线

洋：我是和线长得很像的粗绳子

……

这是家长与孩子在家也可以尝试"联系"的游戏。我认为这个练习会比树的"联系"更难一些，因为对于低幼孩子，他们的思维特点决定了他们联想的事物更偏向自己看得到的、接触到的。游戏一中，孩子们只需要考虑可以参与画面中的事物就可以，而游戏二的"联系"游戏，我们可以尝试引导其联想更为抽象的事物。如当我提到我是扣子上的线，孩子说我是与线长得很像的粗绳子，这当然也属于关联性范畴，但它在思维层面上更抽象。我们可以在与孩子进行这样的生活对话中，加强其"关联型"思维的训练。

游戏三：组合游戏

1. 词语组合（适用于 6 岁以上）

方法：我们可以选择任意两个词语，短时间内组成一段话包含了这两个词语。可以先从孩子容易找到直接关联的词语开始，逐渐过渡到两个或三个看似无直接关联的词语。

例如：

香蕉、苹果：香蕉和苹果都是水果，我都爱吃。

大海、吸铁石：这块吸铁石是蓝色的，和大海一样的蓝色。

这个练习中，我们需要引导做到以下几步：

第一步：找到两个词语之间的关联，并能用语言讲述他们之间的关联。如香蕉与苹果的关联是，他们都是水果。吸铁石与大海的关联可以是，吸铁石是蓝色的，大海也是蓝色的，他们之间的关联就是蓝色。当然还可以有别的关联，可以由孩子自己设计。

第二步：在找到词语之间的关联后，我们会发现，它非常容易组合讲述。词语组合游戏中关键的内在逻辑就是关联性。

2. 图片组合游戏（适用于 6 岁以上）

方法：在几张图片中，请孩子任意挑选图片、组合讲故事。看看这几张图片能变化出多少个有趣的故事呢？

第一步：我们需要先引导孩子了解图片中的信息，当然孩子可以有自己的理解。

第二步：找到图片之间的关联，并能用语言讲述他们之间关联。

第三步：图片组合讲述。

3. 句子组合游戏（适用于 7 岁以上）

方法：根据任意两句或三句看似无直接关联的词语，短时间内组成包含了这些句子的一段话。

例如：天很冷。大海是蓝色的。我喜欢跳舞。

第一步：我们需要先引导孩子找到句子中的关键词。

第二步：从关键词出发，找到句子之间的联系，并能用语言讲述他们之间的关联。

第三步：句子组合讲述。

当然"关系型"思维的提升，是一个长期训练的过程，需要我们关注并使用行之有效的方法引导孩子。

《思维演说+》小课堂

通过联想游戏，提升"关系型"思维敏感度，孩子不再"答非所问"！

我不喜欢紧身裤
——分析行动、因果关系以及自我的冲突元素演说

（此方法适用于 8 岁以上孩子）

人物：周小辰（化名）

性别：女

年龄：两年级

性格：较内向、容易害羞，但积极主动、执着且认真。

表达特点：愿意积极思考，表达思路较清晰。

今天，我和孩子们聊聊他们所遇到的冲突。孩子们情绪比较激动，纷纷向我展示自己多么委屈，与他发生冲突的对象行为有多恶劣。遇到这种情况，我们有时会给予孩子理论性的指导，例如你别生气，控制情绪，站在对方角度换位思考一下？是不是听到过这样的回答："因为他脑子

有病呀! "

可见孩子并没有真正换位思考，他仍然站在自己的角度思考对方的行动。儿童心理学家皮亚杰曾用自我中心对儿童认知特点进行描述，自我中心是指儿童仅依靠其自身的视角来感知世界、不能意识到他人可能具有不同视角和观点的倾向性，而儿童的成长过程就是"去中心化"的过程。在《思维演说＋》课程中，我认为引导孩子理性看待问题非常重要，因为这直接影响了他的判断及观点。为此，我们在课堂上成立了 workshop 问题解决小组。

我：说说你们发生冲突的事件！

周小辰：周五早上妈妈让我穿一条紧身裤，但是我不喜欢、我一直不喜欢穿。所以我就告诉她不穿、就是不穿。但是妈妈说穿、必须穿。然后我们两个就吵起来了。

我：哦，是这样啊。你说说你这么做的原因是什么。那你能想一想，如果你是妈妈，你觉得她为什么让你穿紧身裤呢？能想想她这么做的原因可能是什么吗？

周小辰：我是觉得有点不舒服。妈妈应该是觉得穿紧身裤会显得我比较瘦，她想我瘦一点好看。

我：那你觉得她这个想法错了吗？

周小辰：好像也没错哎。

我：恩，她也没有错，你也没有错，对不对！

周小辰：对的！

我：那你能不能设计一个方案，你俩各退一步的方案。你想退到什么程度，你希望妈妈退到什么程度，我们来一起解决这个冲突好不好！

周小辰：我觉得妈妈可以给我再买一条不要那么紧的，稍微松一点点的紧身裤，这种我是可以忍一下的！

我：大家觉得这个方法可以吗？

李小诚：我觉得可以倒是可以的，但是有点浪费钱。我觉得有个方案，就是隔一段时间穿一次紧身裤，隔一段时间穿一次紧身裤，这样这条紧身裤不至于浪费。

我：你觉得可以接受吗？

周小辰：可以的，少穿几次也可以的！

我：那么恭喜你，你靠自己的努力解决了这个冲突！你可以把刚才整个冲突的发生到解决串联起来分享给大家。

周小辰：好的！

周小辰：妈妈，我上周和你吵架了，我很不开心。

就是早上出门前，你想让我穿紧身裤，可是我不想穿，可是你还是逼着我穿。我当时不想穿的原因是我觉得太紧了、不舒服，所以不想穿。我想妈妈你非逼着我穿的原因是不是你觉得我最近长胖了，穿紧身裤显得瘦，好看。其实你也是为了我好，我想了一个办法，你看行不行？你帮我再买一条紧身裤，但稍微大一点，我也忍一下。或者你不想浪费钱，那我们说好，就一周穿一次这条紧身裤，行吗？

我：相信你的妈妈一定会采纳你的方案，并且她会为你骄傲，她有一个这么懂事的好孩子！

周小辰的冲突源头是一条紧身裤，通过思维的引导，她能判断妈妈是为了她变"美"的初心，她的处理办法以及同妈妈的沟通是由她的思考方法而决定。冲突元素演说只是一个展示手段，真正希望的是在孩子们心中埋下一颗理性分析行动、因果关系以及自我的小种子。

在上述沟通中周小辰完成以下思考与表达：

第一步：清晰阐述冲突起因、经过

首先我们需要明确冲突的关键点在哪里，清晰阐述其

实是在帮助孩子理清事件的来龙去脉，便于后续解决方案
的设计。

第二步：清晰了解自己行动的原因，尝试判断对方这么做的原因

这一步非常重要，一方面它要求孩子运用好因果关系。另一方面也要求孩子利用换位思考的方法，做到思维公正。我发现，大多数孩子一旦进行判断对方行动的原因，他的情绪都会比较平静，不会出现生气、激动的状态，这说明孩子正在运用换位思考的方法进行思考。

第三步：设计各退一步的方法

设计方案的同时，是在考验孩子解决问题的能力。可行性方案的提出也需要孩子进一步做到思维公正。

第四步：与对方沟通

我们可以发现，最终的演说实际是一次非常实用的沟通。"演说"成功与否决定了孩子的冲突能否解决，与冲突方的关系能否缓和，这可是一次难度不小的任务。在准备中，孩子的思维过程得到体现，如出现不当的思考（一些同学判断对方行动的原因是对方脑子有病），我们可以及时介入引导。

《思维演说+ 》小课堂

冲突元素演说需在沟通与思考中完成，1. 清晰阐述冲突起因、经过。2. 清晰了解自己行动的原因，尝试判断对方这么做的原因可能是什么。3. 设计各退一步的方法。4. 与对方沟通你的行动原因及解决方案，尝试解决冲突。

学习好就是因为上了补习班？
——你的逻辑有错误

（此方法适用于 8 岁以上孩子）

人物：胡小月（化名）

性别：女

年龄：11 岁

性格：善于思考、喜欢表达。

和孩子们聊天，说起大伙儿现在都超级忙，上各种补习班，周末比平时学校还要忙，孩子们表示十分无奈。

胡小月激动地告诉我："老师，我妈妈说了。你看那个谁谁学习好，就是因为他学了某某课，所以你这个课也要上，你也能学习好！"这个表达并不陌生，好像大多数家长都是这么说的。

我问："你觉得妈妈的话说得有道理吗？"

胡小月说："好像有道理、好像又没道理……"

我说："很遗憾，你妈妈的表达逻辑有漏洞哦，你可以对她进行反驳了！"

胡小月惊讶且期待地望着我。

我说："我们来聊聊下面几个案例，你来判断下妈妈的逻辑错误在哪里。"

案例一：我想调查在美国人心中，中国人是什么形象并估分。如果我在芝加哥，选取了100名美国普通市民进行调查，结果显示，在正负100分的评分范围当中，这100名芝加哥人对中国人的评分平均值是－30分，因此，我得到结论：美国人对中国人普遍印象不好。

《思维演说+》小课堂：

取样片面常常发生在资料调查案例中，大家以后收集调查数据或判断数据的真伪要考虑到取样的方法哦！

我："你能对此案例进行反驳吗？"

同学："芝加哥只是美国的一个城市，芝加哥对于中国人的评分调查，不能代表全美国的人。这段材料取样片面了。"

案例二：小马要过河，不知能不能过。所以他寻找伙伴的帮忙。松鼠说："别过河，河水特别深，过河就会被淹死。"大象说："过吧、过吧！河水非常浅。"小马也不知该如何。

《思维演说+》小课堂：

生活中很多人的观点对于我们只有参考意义，并不是决定性质哦！因为个人立场是不同的。

我："你能找出此案例中的问题吗？"

同学："小马身高和松鼠还有大象的都不一样，他们对于河水深浅的判断对小马用处不大。小马判断时应该考虑到个人立场不同。"

案例三：过去，中国人见了很多日本人，得出一个普遍结论，日本人普遍矮。所以，现在我还是认为日本人很矮。

《思维演说+》小课堂：

任何观点与案例都有一定时效性哦！

我："你能对此案例进行反驳吗？"

同学："过去的结论不能证明现在的。他犯了时效性的错误。"

案例四： 因为我是一个小学生，所以我有近视。

《思维演说+》小课堂：

明明没有因果关系，却被说成是因果关系。

我："你能说说此案例中的问题吗？"

同学："为什么小学生就一定有近视呢？他们之间没有因果关系。"

案例五： 小明爱打游戏，他学习不好。球球爱打游戏，他学习也不好，所以说打游戏的人，学习都不好。

《思维演说+》小课堂：

忽略其他可能性。

我："你能说说此案例中的问题吗？"

同学："首先，小明和球球学习不好不一定是因为他们爱打游戏，也有的同学爱打游戏可能学习很好，他犯了忽略其他可能性的逻辑错误。"

我："胡小月，现在能判断妈妈的逻辑错误吗？"

胡小月："第一，某某同学学习好不一定就是他上了补习班，他们之间并没有因果关系。第二，他学习好可能还有别的因素，比如他平时上课认真啊，或者他比较聪明啊，可能不完全是上补习班。她好像还犯了忽略其他可能性的错误。"

《思维演说+》小课堂：

其实有时候，语言文字会和我们开小玩笑哦，我们需要具备辨别语言逻辑的能力，对于演说论证会更有力。和孩子一起做语言逻辑小游戏吧！

邀请孩子运用上述原理找找以下材料中的逻辑错误，并进行反驳！

材料1：根据调查，十年前中国人消费水平还很低，而且大部分中国的汽车市场都被本地汽车品牌消化掉了。因此，我们XX公司，没必要开拓中国市场。

材料2：因为日本人不穿秋裤导致腿部线粒体增多，所以腿有劲，所以日本足球成绩就比中国穿秋裤的要强得多。

材料3：有两所临近的中学，一个学校的衣服是白色的，另一个学校的衣服是黑色的，体检结果表明："白"学校学生平均体重比"黑"学校平均体重要轻，所以，穿白校服可以有助于减轻体重。

材料4：由一个人的小缺点，就能推知这个人人品怎么样，比如说他不捡地上的废纸，说明他没有责任心，不讲卫生。

孩子的思维速度超越了妈妈的想象
——提升思维速度的有效方法

（此方法适用于 5 岁以上孩子）

人物：黄小贝

性别：女

年龄：11 岁

性格：阳光、开朗，处事淡定冷静。

表达特点：善于思考、有一定外在表现力。

近期，我们要在剧场进行展示与汇报，三位同学进行现场演说，黄小贝就是其中的一位。我们前后进行了三次彩排加一次正式演说。由于剧场设备关系，黄小贝不能独立完成演说及 PPT 的操作，她的妈妈需要配合她在后台操作 LED 进行 PPT 的播放。

图9：黄小贝正在剧场演说

黄小贝事先把演讲稿打印出来交给妈妈，以便播放PPT。三次彩排，黄小贝给我的感觉总是不慌不忙，比较平稳地完成演说。在正式演出前，黄小贝妈妈突然着急又激动地走过来。我对她的反应非常好奇，她说道："黄小贝，你能不能别再自由发挥，妈妈放 PPT 很紧张的。"

只见黄小贝瞪大眼睛微笑地望着我，和她形成对比的是妈妈的慌忙。原来，妈妈在黄小贝的文字稿上清晰表明了每一个 PPT 播放点。可是黄小贝三次彩排每次都略有发挥，没有一次说得一样，妈妈害怕正式演出时 PPT 会放错，所以着急了。

黄小贝是个自信的孩子，她在舞台上也具备即兴表达及快速思考的能力，我想她的思维速度甚至已经超越妈妈的想象。

《思维演说＋》的理念是引导孩子主动发现、具备一定语言思维，最终自信演绎。令我欣喜的是，在过程中，孩子的思维速度提升了，表达能力也随之提高。在这里，我想与大家分享《思维演说＋》的两个方法，帮助孩子提升思维速度：

游戏一："插嘴"（适用于 6 岁以上）

方法：两个人在聊天（内容需是孩子有一定认知的领域），在规定时间内，要求第三个孩子能参与聊天，类似"插嘴"。

事实上，"插嘴"也不是件容易的事哦，插的内容需要与伙伴们聊的内容有所衔接，这就要求孩子非常认真地听，并在短时间内作出反应。对于孩子而言，目的非常明确，就是要参与聊天，而他只有专注才能听得清对方讲述内容，他只有快速思考才能做出反应。故在这个游戏进行过程中，能帮助孩子提升注意力以及思维速度。

游戏二："采访"（适用于 8 岁以上）

方法：事先设计好问题以及采访目的，能完成采访目的即表示成功。在这里，我们需要关注采访对象的设定。对于刚接触采访练习的学生，采访对象可以是孩子们熟悉的人。等孩子们掌握了采访的流程，可以挑战陌生人。

在小主持课程中，采访训练也是一个非常重要的环节。在与人交流的过程中，我们需要克服紧张，并应对好对方未知的回答。这对思维速度的提升都有大的帮助。下面与大家分享课堂案例：

以此新闻材料为例：

新华社晋绥一九四七年二月七日电，文水县云周西村十七岁的女共产党员刘胡兰，在上月十二日被阎军逮捕，当众审讯。阎军问她是不是共产党员，她答"是"。又问"为什么参加共产党？""共产党为老百姓做事。""今后是否还给共产党办事？""只要有一口气活着，就要为人民干到底。" 至此，阎军便抬出铡刀，在她面前铡死了七十多岁的老人杨柱子等人，又对她说："只要今后不给八路军办事，就不杀你。"这位青年女英雄坚决回答："那是办不到的事！"阎军又说："你真的愿意死？""死有什么可怕！"刚毅的刘胡兰，从容地躺在切草刀下大声说："要杀由你吧，我再活十七岁也是这个样子。"她慷慨就义了。全村父老怀着血海般的深恨，为痛悼这位人民女英雄，决定立碑永远纪念。

载 1947 年 2 月 10 日延安《解放日报》

1. 采访阎军

我的目的：突出阎军的可恨，激起人们共同抗敌的决心。

我的期望：希望阎军的回答展现出其杀人如麻的一面。

我的提问：你们会杀死刘胡兰吗？为什么呢？

对方可能的回答：她给共产党做事，我们就要杀死她。

2. 采访刘胡兰

我的目的：突出刘胡兰为人民、为共产党献出生命的刚毅品格。

我的期望：希望刘胡兰的回答展现出其勇敢、宁死不屈的一面。

我的提问：敌人的刀架在你脖子上，害怕吗？

对方可能的回答：其实有些害怕，但我一想到我的死能换来党的胜利，我就不害怕了。

3. 采访父老乡亲

我的目的：突出人们怀念刘胡兰，敬佩刘胡兰。

我的期望：希望父老乡亲声泪俱下地回答，展现出他们心中对刘胡兰的情感。

我的提问：为什么要为刘胡兰立碑呢？

对方可能的回答：她当时躺在敌人的切草刀下，都不肯透露一句党的秘密，她保护了共产党，我们的胜利，我们现在的好日子离不开她，她是英雄。

首先，我们必须明确采访目的，目的不同，提问的角度也会不同，且必须时刻牢记这一目的；其次，设计我的采访期望，并引导嘉宾往我期望的角度回答，这对于我的即兴应变也会有一定帮助；然后根据上述两个要求设计提问，并预测对方可能会有的回答。与孩子一起做采访游戏吧，他们的思维速度会在不知不觉中得到训练与提升。

《思维演说+ 》小课堂

思维速度会在即兴应变中得到训练与提升，在演说中它让我们更自信，即兴演说其实没那么难！

说服他？我有方法
——用讲故事的方法讲道理

（此方法适用于 9 岁以上孩子）

人物：诚诚（化名）

性别：男

年龄：10 岁

性格：活泼开朗，大大咧咧。

表达特点：有时表达重点不清。

在今天课堂上，我计划引导孩子们进行一次关于说服力的演说训练。说服意为用理由充分的话开导对方，使之心服。可见说服的核心在于理由充分。亚里士多德在《修辞学》中论述了演说者三种说服听众的关键要素：一、演说者本身，即信誉证明。二、是使听者处于某种心境，即情感证明。三、借助证明或表面证明本身，即逻辑证明。

本课中，将要与孩子共同完成的是第三种，用逻辑证明进行说服：

诚诚：老师，我妈妈有个缺点非常讨厌！就是总是不讲信用，她明明答应我今天带我去看电影，早上又说她没空，不能去了！之前也是，答应我考试成绩好就买套乐高，结果又不买了。每次我都要气死了。

我：天哪，难怪你要生气了，那你劝过她要讲信用吗？

诚诚：我就是很生气，我告诉她，你不能不讲信用，这样是不对的。然后我妈妈就随随便便回答我说下次，下次都补给我！但她从来没有补过！

我：嗯，我也觉得是妈妈错了。人人都有缺点，都会犯错。可讨厌的是，有时候我们小朋友说的话，大人就是不听，还说我们幼稚，这可怎么办？今天，我们就来研究一种应对这种问题的"秘密武器"。

明明是妈妈不讲信用，可是诚诚说服不了她的妈妈改正这个问题。因为他说服的力度不够，我的秘密武器就是用故事来加强他说服的力度。故事人人爱，电影是故事、小说是故事、漫画是故事，用故事形式来讲道理很容易让人接受。最重要的是，人们往往容易从故事中找到自己的影子，潜意识会受其影响。自然也更愿意接受别人的道理和观点啦！

我们今天来尝试做一段说服力演说。

第一步：我们需要确定你的观点。

在这个练习中，观点就是指你的一种看法。比如诚诚妈妈的问题：答应孩子的事确没有做到，我们是不是可以把它归结为不讲信用。我要表达我的观点，即是对不讲信用这个行为表达我的观点。

我：那么诚诚你现在可以对不讲信用这个行为表达你的观点吗？

诚诚：我们不可以不讲信用。

我：真棒！

第二步：选择与观点相匹配的故事。

其实我们可以参照用寓言故事说道理的模式。说说看，你知道的寓言故事都是怎么讲道理的呢?

诚诚:比如说《狼来了》。有个放羊娃，每天都去山上放羊。一天，他觉得十分无聊他就大声喊:"狼来了! 狼来了!"农夫们听到喊声就往山上跑，结果连狼的影子也没有! 放羊娃还嘲笑农夫们傻。第二天，放羊娃故伎重施，农夫们还是没有见到狼的影子。大伙儿从此再也不相信放羊娃的话了。过了几天，狼真的来了，一下子闯进了羊群。放羊娃害怕极了，拼命地向农夫们喊:"狼来了! 狼来了! 快救命呀! 狼真的来了!"农夫们以为他又在说谎，没有人去帮他，结果放羊娃的许多羊都被狼咬死了。这个故事就告诉我们说谎是不会有好结果的。

我:说得真好。我们反过来思考，当需要说服的问题是不要说谎，我就可以选择《狼来了》的故事。如果我要劝说的问题是不能骄傲，可以选用什么的故事呢?

诚诚:《龟兔赛跑》的故事。

我:没错! 但这里千万注意两点。

1.故事讲述的详略，由你的观点决定。

如:要劝说对方改正不要骄傲的缺点，在讲述《龟兔赛跑》的故事时就要突出兔子是如何骄傲的，结果它是怎么失败的，乌龟努力的过程只需要简单讲述就可以了。

我：诚诚你能不能来判断一下，以下哪种表达方式是要说明坚持不懈就会成功的？

诚诚：好的。

我：第一种：有一天，兔子和乌龟比赛跑步，兔子嘲笑乌龟爬得慢，乌龟暗暗下定决心说，他一定会赢。比赛开始了，兔子飞快地跑着，乌龟拼命地爬，不一会儿，兔子与乌龟已经相隔很大一段距离了。兔子认为比赛太轻松了，它要先睡一会儿。此刻乌龟也很累了，拖着疲惫又沉重的身躯竟然丝毫没有放慢脚步。它努力爬呀爬，翻过一座座小山丘，它超过了正在睡觉的兔子，都已经看到终点线了，它依然没有放松，朝着目标不断向前，最终它赢得了比赛。

第二种：有一天，兔子和乌龟比赛跑步，兔子嘲笑乌龟爬得慢，认为自己一定会赢。比赛开始后，它很快超过了乌龟。为了证明自己能轻松战胜乌龟，它并没有立刻跑过终点线，它在离终点不远的地方躺下睡觉了，它想着自己睡上一觉也能赢过乌龟。可没想到的是，就在它睡得正香的时刻，乌龟赢得了比赛。

诚诚：第一种说明坚持不懈就会成功的道理，第二种感觉好像是说明不要骄傲。

我：真棒！同一个故事，表达方式不同，说明的重点也会不同哦！所以我们选用故事事例，表达方式都要服务于观点。

2. 我们选用的故事要让被劝说的对象能接受。

这是什么意思呢？比如被说劝说对象是一位妈妈，我选用虚构的小动物的故事劝说她，她不一定会接受，她会认为和自己关系不大，我们应该选择与她的生活经历及认知相匹配的故事来劝说她。这一点也要求我们必须从听众角度出发思考问题，不能只考虑自己。

我：拿我自己举个例子，我有一个缺点就是做事情容易粗心。有两个故事，诚诚你觉得哪个更容易让我接受呢？

第一个：从前有个小朋友叫没头脑，他有个缺点就是太粗心，做事马马虎虎。"没头脑"长大后当了工程师，设计了一座 999 层高的少年宫大楼，楼造好后，才想起没设计电梯，结果孩子们为了在这个大楼上看戏，要带着铺盖、干粮爬一个月的楼梯，这不但害了别人，也害了设计师自己，因为"没头脑"也参加了少年宫开幕式。

第二个：前几天，我在网上看到一条新闻。一位妈妈因为粗心，把孩子忘在车子上，然后去买东西了。她过了很久才回来，天气又太闷热，结果孩子被闷死在车子里了。

诚诚：我觉得用第二个故事劝说妈妈更合适。

我：没错，第一个故事讲的是小朋友，对于我来说，说服力就不够，我不能从故事中找到自己的影子，因为我已经长大了。第二个故事就不一样了，我也是一位母亲，这个真实事件令我害怕，会对我有一定的影响。

第三步：类比分析、预测结局。

找到劝说人物与故事中人物相似之处，相互结合，并尝试预测结局。给大家一个公式：

A——缺点——B（结局），

A'——缺点——B'（预测结局）。

我：举个例子，守株待兔的故事大家都知道吗？有一个农民，正在田里耕地，周围有人在打猎。吆喝之声四处起伏，受惊的小野兽没命地奔跑。突然，有一只兔子，不偏不倚，一头撞死在田边的树根上。当天，他美美地饱餐了一顿。从今往后，他便不再种地。一天到晚，守着那被兔子撞上的树根，等着下一个兔子来撞，结果他饿死了。如果我用这个故事来劝说那些想不付出努力只想靠好运气取得好成绩的小朋友，我把农民设定为 A，他的缺点是想不劳而获，他的结果是 B 饿死了。我可以把被劝说的小朋友设为 A′，他的缺点也是想不劳而获，我们可以根据守株待兔故事的结局大胆预测小朋友的结局 B′吗？

诚诚：有可能是成绩越来越差，最后一名。

我：说得真好。刚才我们学习了用故事讲道理的方法，你现在能尝试运用这样的方法来劝说你的妈妈吗？第一步，明确你的观点。

诚诚：我的观点是，妈妈，我们不能不讲信用！

我：第二步，选择与观点相匹配的故事。

诚诚：我想选曾子杀猪的故事。

我：你说说看。

诚诚：曾子的故事你听过吗？曾子的妻子要去市集上，他的孩子哭着闹着要一起去。妻子就说："你不要吵，快点回家，回来以后我就杀猪给你吃！"孩子就听话地回家了。妻子从市集回来了，曾子就准备杀猪给儿子吃，可是妻子就拦住说："那只是和孩子说着玩的。"曾子就说了："孩子都是照着父母的样子学的，你不讲信用就会教孩子不讲信用。"曾子坚持把猪杀了。

我：嗯，我以后也不能不讲信用，随便忽悠我家宝宝，我感觉这个故事选得很成功！而且你的讲述清晰描述了曾子妻子不讲信用的过程，与主题很匹配。真棒！第三步，我们需要类比分析，预测结局。

诚诚：我想告诉妈妈，她就像这故事里的妈妈一样，答应我的话也不做到，不讲信用，她是希望我以后也不讲信用吗？

我：你这个结果预测得非常直接。曾子妻子——不讲信用——她的孩子以后可能也不讲信用。诚诚妈妈——不讲信用——她的宝贝儿子你，以后也可能学会不讲信用。去试试劝说你的妈妈吧，相信她会理解！

《思维演说+ 》小课堂

故事讲道理法其实就是基础论证训练，以孩子能接受且感兴趣的形式进行，引导他主动去探索，从其思维层面出发，才能真正提高语言表达。

她真的能当文艺委员吗？
——用质疑精神看待问题

（此方法适用于8岁以上孩子）

人物：薛小贞

年龄：三年级

性别：女

性格：善于思考、表现力稍弱。

我们班马上要进行中队委员的选举了，有一位同学就很自信地说自己一定能当上文艺委员。我想对她的观点提出质疑，为什么你一定能当上文艺委员？我觉得可以从以下几个方面去解决这个问题，她的能力、她的人缘以及她的竞争对手。

她的个人实力：她是班级的领唱，得过松江区一等奖，她学过陶笛包括六孔、十二孔、八孔。

她的人缘：我们班有 28 位同学，我作了一个调查，班级里有 52.6％的人表示喜欢她、25％一般，可能是她平时脾气有点倔，5.5％的人讨厌她，有的同学表示她太凶了，另有同学弃权。

她的竞争对手之一曹 XX，她学了芭蕾舞、学习成绩不怎么好，她担任文艺委员的概率很低。许 XX，她学过古筝、人品也不错，是我们班的"书呆子"，经常下课也不休息，就在那看书。她担任文艺委员的概率有 50％吧。王 XX，她是蛮厉害的，她学过中国舞，还上过央视的春晚。她做文艺委员的概率很大。还有一位就是我自己，我学过钢琴、还学过武术。我觉得我自己实力并不是很好，担任文艺委员概率并不大。

经过上述了解，我觉得她说自己一定能当上文艺委员这个观点是不对的，只能说她有可能当上文艺委员。

从薛小贞的这个选题来看，她应该是一个比较好强的女生，这也会促使她努力学习、力争上游，从某种意义上来讲，质疑激发了她的竞争意识。

在演说准备的过程中，她收集了一定量的资料，作了小范围的调查，从而解答了自己的质疑。从三年级学生考虑的角度以及知识面而言，她的思考是相对完善了，故她的演说逻辑相对合理、也比较吸引观众。

过程中，我这样引导孩子：

第一步：了解什么是质疑

质疑是一种科学精神。就一个论证过程来讲，质疑就是对这个论证本身发出怀疑，发出怀疑的可以是对结果进行质疑，也可以对前提进行不信任的质疑，更有可能是你对整个流程这个规则本身进行质疑。

在这里我们要注意的是，质疑不仅仅是提问，它是在对事物有一定了解的基础上，所作的否定式的提问。如薛小贞对同学的观点提出的她真的能当文艺委员吗？其实她对于该同学有一定了解，且并不认为她一定能当上文艺委员，给予这样的思维过程，我们称为质疑。但如果薛小贞提出的是，这位同学有什么文艺特长？这就是不是质疑。

第二步：区别哪类质疑是有效问题

还记得我们之前讲到的有效提问吗？质疑同样属于提问，单纯的喜好类质疑，例如：你为什么总是穿红色？或是事实类质疑，这个房间真的是十平米吗？并没有研究的价值。

第三步：问题解决

随后我们按照科学问题研究的过程进行问题解决方案的设计、资料的收集以及观点的提炼。

在这里我想强调一点是，质疑是有门槛的，和有效问题的提出一样，对专业领域一无所知是无法进行质疑的。故孩子们在提出问题、到解决问题到观点提炼的过程中无一不在进行多方位的全面思考。对于思考过程是否严谨、解决方案是否全面等因素，孩子受到年龄与知识面的限制，可能并不能做到那么细致，但我们更注重孩子能理解这样的思维方式。

《思维演说+》小课堂

质疑是对论证过程的任意环节发出怀疑，质疑同样属于提问，有效提问才值得进一步研究。

吃火锅会得食道癌？
——不轻信、不盲从

（此方式适合9岁以上孩子）

人物：张小澂（化名）

年龄：10岁

性别：男

表达特点：善于思考、善于表达、有一定表现力。

前两天，我在网上看新闻，有一位记者作了一篇报道，上面写道四川省居民得食道癌的比例很高，他又发现四川省的人普遍又喜欢吃火锅，所以他认为吃火锅会导致食道癌。我问问大家，在座的小朋友和家长喜欢吃火锅吗？没人有过食道癌吧！所以我对他提出质疑，为什么吃火锅会导致食道癌？

我们先来看食道癌是什么，它是人体食道中发生的癌变、肿瘤现象。我们来看看火锅。火锅本身有哪些部分组成？涮料、锅底、调料。涮料有牛肉、羊肉、蔬菜等。这些在家里都能吃到，并没有问题。还有调料，大家喜欢吃什么调料？

观众：酱油加香菜。

这就更没什么特别了，酱油我们每天都会吃。我们还说到火锅的吃法，把生的食物放到滚烫的火锅中，可能有时候没煮熟，或者有时候刚熟还很烫就吃了。汤底有的时候是辣的，我问问大家是不是喜欢吃又辣又烫的。

观众：喜欢、喜欢！

那我说，你们以后会得食道癌，这对吗？根本不科学呀！肯定不科学对不对！下面我们来看看食道癌还有什么诱发因素。我按照可能有影响的比例从小到大排列，第一个是刺激性食品，就像烫的、辣的。但这个比例是非常小的，只有你长期吃火锅，并且每天吃，才可能引起食道癌。第二，营养不良。比如你有挑食、偏食的现象，使得身体缺乏了某种元素。但这个对食道癌的影响还是微乎其微。第三，不良饮食习惯。比如喝酒吸烟等，饿一顿、饱一顿等。吃不熟的食物：火锅的确有可能吃到未熟的食物，这样看来火锅也有可能对食道癌有影响。但这比例也并不是很高。第四是遗传，食道癌也有一定的遗传性，很多调查结果显示，很多人的食道癌都是遗传下来的。第五是最重要一个因素，就是年龄。对于肿瘤而言，它要有足够长的时间，正常细胞才可能变成癌细胞。我作了一个了解，四川省老年人比例比年轻人比例要高。这样得食道癌的比例不就高了吗？

所以通过我的了解，我觉得这条新闻把因果关系搞错了。这不是因果关系，不是因为四川人吃火锅，才导致四川人得食道癌比例高，这只是其中一个因素。所以大家也不要轻易相信朋友圈转发的一些吃火锅致癌这类的信息，避免不必要的恐慌。

张小澂的演说体现了他对观点与事实的区别。看到一则新闻，他并没有因为是"大人"写的，或是记者报道的就轻易相信、盲从，而是有独立思考、判断。在演说准备过程中，我这样引导孩子：

第一步：查看信息的出处是否可靠

如这条信息出自某个人微博，或是朋友圈，可信度则大大降低。如某条信息来自人民网，它创办于 1997 年 1 月 1 日，是世界十大报纸之一，也是国际互联网上最大的综合性网络媒体之一。那这条新闻的可信度大大增加。这可以是孩子判断信息真实性的重要考虑因素。

第二步：由易到难、循序渐进进行质疑练习

1. 对身边人观点质疑

如薛小贞对同学提出一定能当上文艺委员提出质疑。孩子与孩子之间年龄差异不大，知识储备相当，往往更容易提出质疑。也有孩子在与父母的日常交流中，对其语言产生质疑的。如父母总让孩子多喝水，孩子质疑父母为什么要多喝水，通过研究，孩子得到的结论是适当喝水会更好。

2. 对广告进行质疑

广告自诞生以来，就好像在和观众玩逻辑游戏。广告的目的是刺激消费欲，故夸张、对比、联想等艺术处理的手段屡见不鲜。但稍不注意，则越界成了虚假广告。如孩子们提到的某牙膏品牌"一天显著美白，两周去掉数年牙渍"的宣传语以及某品牌椰汁宣称"喝了椰汁能美白"等。引导孩子用质疑的眼光看待广告，共同探讨广告中艺术处理或是虚假成分，有助于孩子批判性思维的建立。

3. 对能理解的新闻评论进行质疑

新闻评论代表了记者的观点，往往有较完善的论证过程。相对前两者，这类质疑难度更大。孩子要分析其论证过程是否严谨，判断其证据的真实性等。例如张小濧对四川某记者的论证提出质疑，认为其给定的证据不能支持其吃火锅致癌的观点，四川省老年人比例高也是食道癌发病率高的重要因素。

《思维演说+ 》小课堂

质疑有一定门槛，第一步引导孩子查看信息的出处是否可靠，第二步把素材由易到难进行分类，循序渐进进行练习，与孩子在讨论中学会用质疑眼光看待问题。

明明我很害怕，你们怎么感受不到？
——定格画面的魅力

（此方法适合9岁以上孩子）

人物：史小一（化名）

性别：女

年龄：四年级

性格：大大咧咧、不拘小节。

今天，我们在课堂中做一个小练习：说一件事，这是让你情绪瞬间产生变化的一件事。很多同学不假思索地举起手来，其中包括史小一同学："我晚上一个人睡觉，妈妈关灯的一瞬间，我总是很害怕！"

我说："同学们，你们能感受这件事很可怕，让她害怕了吗？"

同学们说："没有！"大家很肯定地回答我。

我能看得出，史小一很疑惑，那一瞬间她的确是害怕了，她也讲明白了，为什么大家感受不到？

我也听了其他同学的讲述："上课时，有一位同学不认真，老师生气了，我们一下紧张起来！""那天我买完东西过马路，差点被车撞到，那一瞬间我吓坏了！"等。这些看起来都符合了情绪瞬间产生变化的主题，可是并没有吸引到大家。

我说："让我们换一种思考方式。大家看过动画片或者电影吧？仔细回忆一下，把你经历的这件事像电影片段一样在你的脑袋中播放出来……注意！在你情绪变化瞬间的那个画面把它定住！一定要定住！然后画下来！"

大家开始动手画了……

现在我把这个画面中的具体事物描述给大家听，试试能不能吸引大家。

史小一说："我晚上睡觉的时候，自己睡一个小房间，妈妈一关灯，周围就一片漆黑。我就看到桌子上的一个小夜灯，会发出不同颜色，一闪一闪有点像鬼火！我周围也好像有许多飘着的不知名物体，我看不见他们的眼睛，只知道他们嘴张得很大，很惊恐的表情，有半圆的、有长条的，在我周围飘来飘去。"

图 10：史小一想象的小黑屋

同学们纷纷表示史小一的讲述变得吸引人了："好像能看得到现场的画面一样，听着我都感觉到有点害怕！"

为什么同一个场景，史小一的两种表达方式会让大家感受不一样呢？史小一晚上独自睡觉，她脑海中浮现出了各种可怕的画面，可是大家并没有经历，没有看到那个画面，当然不理解。我总是告诉孩子们，作为演说者，我们的工作就是让听众接受你的思想。所以尽可能把你感受到的、你看到的原样展现，听众就有可能与你的想法一致。

那为什么不详细讲述事件的经过，而要采用定格画面的手段呢？在演说中，根据主题要求，我们的故事讲述需要详略得当，选择对突出观点最有效的部分进行详细描述，经过简单讲述，不容易让听众产生拖沓、无聊的感觉。如我们做的这个练习，显然，史小一渴望表达的观点是"我不想一个人睡觉，太吓人了，"选用突出画面感的讲述手段，更易让人感同身受。

第一步：选择一件让你情绪产生变化的事

这步中，我们只需要用简单的几句话讲述这件事的起因、经过、结果即可。为什么要以情绪产生变化的事为题呢？这是一个非常好的衡量标准，孩子在这件事中，他可能会产生忍不住笑、害怕、激动等情绪变化。通过他的讲述，同学们的情绪也产生了变化，与讲述者有同样的感受，则代表他讲述成功。

第二步：把你情绪变化瞬间的画面定格

我们可以引导孩子，这件事的起因、经过、结果，就好像是一段小影片一样，不停在播放，你情绪变化最顶峰的那个瞬间，像播放影片按下暂停键那样定格。

第三步：详细描述定格画面

详细描述定格画面指的是，将此画面中的事物具象化。有一个非常容易操作的方法，当孩子在讲这个画面的时候，我们作为倾听者可以把他讲的内容画下来，如画的内容与其讲述类似，说明达到要求。如画的内容与讲述者想得不一致或是根本无法画下来，则说明不是具象化描述。在这里，我同样需要强调主题。定格画面讲述同样需要围绕主题，如史小一提到的情绪是害怕，那么她的画面应围绕这个词。如她讲到房间角落有个书桌，上面放了近50本书，依次整齐排列……这些与她的害怕并无关，那这些内容就没有必要涉及。

《思维演说+》小课堂

定格画面讲述是具象思维训练的重要手段之一。给予听众画面感，远比直白的"害怕"两个字更容易吸引人哦！注意，定格画面是指相对静止，画面描述越细致，震撼力就越强哦！

色香味俱全
——多觉讲述的魅力

（此方法适用于 9 岁以上孩子）

　　还记得上次史小一的《独自睡觉》定格画面元素演说吗？今天我们来讲讲它的进阶版，在定格画面中加入多觉讲述，这也是具象性思维的重要训练手段。

《思维演说+》小课堂：

　　多觉讲述指的是在讲述事件的过程中，根据主题需求，加入五觉（视、听、嗅、味、触）中任意元素描述，从而增强事件给人的"体验感"，让人身临其境、感同身受。

1. 视觉：眼睛可以看到的事物

　　无视觉描述：我晚上一个人睡觉，妈妈关灯的一瞬间，我很害怕。

视觉描述：我晚上睡觉的时候，自己睡一个小房间，妈妈一关灯，周围就一片漆黑。我就看到桌子上的一个小夜灯，会发出不同颜色，一闪一闪有点像鬼火！我周围也好像有许多飘着的不知名物体，我看不见他们的眼睛，只知道他们嘴张得很大，很惊恐的表情，有半圆的、有长条的，在我周围飘来飘去。

2. 听觉，耳朵可以听到的声音

无听觉描述：我听到小狗在叫。

听觉描述：我听到一只小狗在"汪、汪"叫，它叫得很急切，半点喘气的声音也没有。

3. 嗅觉，鼻子可以闻到的气味

无嗅觉描述：这里有很多花。

嗅觉描述：这里有很多花，带着一股清新的香味。

4. 味觉，嘴巴可以尝到的味道

无味觉描述：这块蛋糕很好吃。

味觉描述：我咬了一口蛋糕，软绵绵的，入口即化，满口的甜味，很好吃。

5. 触觉，身体的感知

触觉不一定是身体触碰到某样事物，也可以是一种感知，如冷、热等。

无触觉描述：冬天了。

触觉描述：冬天了，刺骨的冷风一阵阵吹，冰冷的雨水落到我的手上、脸上，我冷得有些颤抖。

课堂上，在情绪变化的定格画面讲述基础上，我引导孩子添加五觉元素。过程中，我们应注意以下几点：

第一步：定格画面

多觉讲述的运用也是为了语言描述的具象化，故在定格画面基础上进行讲述，孩子更易理解，且讲述效果也更直观。

第二步：确定主题

多觉讲述应服务于主题，如有的孩子讲的主题是吃烤鸡翅时很高兴，他讲到鸡翅是深红色的，有点烤焦的颜色，冒着热气。闻起来很香甜，好像满屋子都是这个香味。咬一口滚烫的，又鲜又辣，我口水都流出来了。这段讲述中，孩子添加了视觉、嗅觉以及味觉的使用，且均围绕吃烤鸡翅高兴这个主题。如孩子加入了听到电视机里动画片的声音与突出主题并无关联，则不需要加。

第三步：添加合适的五觉元素

虽然添加丰富的五觉元素可有效提升语言魅力，但我们要根据需求适当添加五觉元素，有时并不能全部添加，故我们称此方法为多觉讲述并不是五觉讲述。如史小一的讲述以视觉描述为主，我们可以适当添加触觉：这些不知名物体根本摸不着，我就觉得身体冷冰冰，也可以添加听觉：房间里好安静，什么声音都没有。这段讲述中嗅觉与味觉则很难添加。

多觉讲述与定格画面均属于具象化思维训练，掌握这些技能可有效提升叙事性思维，为我们的演说增添色彩。

第三章　主动发现，我就是专家

如何来选题
——天赋催化剂

（此方法应用于9岁以上孩子）

生活中，我们有时候会这么夸奖孩子，他/她在某某方面真有天赋！天赋是什么？有人说天赋就是天资，与生俱来的能力。我所教授的小主持课程主要是台词、主持技能等训练活动，在多年的一线教学中，我也发现的确有的孩子天生表现力丰富、形象好，适合登台表演或做小主持人。如果我们把这定义为表演天赋的话，大部分孩子是没有的。那是不是说大部分孩子就没有必要学习此类课程呢？

首先，语言是一种媒介，无论孩子在此方面是否有天赋，不可否认，每个人都需要语言，故我认为孩子们需要接受此方面的培训。我们再来说说天赋，我认为天赋需要个人某一方面的天资或者说潜能，加上不断坚持努力深造的热情，最终成为天赋，而天赋在孩童阶段，我认为应该是一种"主动发现"能力，主动发现喜欢的事物，因为喜欢而开始、因为喜欢而探索。故我认为语言表演类课程的教学目标不应只局限在主持人、演员的培养。通过语言表达的手段引导其"主动发现"自身潜能的教学目标更符合孩子们的需求。

通常来讲，逻辑学研究的内容是"思维的形式"；而"思维的内容"来自人与外部世界发生关系，从而收集到的"资料"。对于未曾经过逻辑学训练的人而言，这种"资料"的积累和表达是自发的，是随意的，其交流效率带有"偶然性"，上一刻能够准确回答的问题，下一刻就会回答地让人"不知所云"，逻辑学正是为"主动发现"提供最有效的工具。故《思维演说＋》的主动发现用最直白的话来说，是指让孩子研究自己喜欢的内容。

但在传统小主持课程教学活动中，针对孩子们的"喜欢"我发现了这样的情况：

幼儿园阶段：孩子对于喜欢与否会表现非常直接，如遇到有趣的游戏孩子们会表现出极强的专注力。对于一般或不喜欢的练习时，有的孩子会直接排斥，有的孩子会注意力分散。

小学一至三年级阶段：刚进入小学，孩子们有了比较多的"上课"的概念。大部分孩子还是可以直接表达喜好，有些孩子专注力看似提高，但"惰性"思考已有初步表现，即看似在认真学习，实则没有思考。

四年级以上：或许是因为学业压力增加，有的孩子对于"喜好"的表达会逐渐减少，甚至隐藏起来。会通过背诵的形式学习，可实则没有思考，"惰性"思考现象逐步增加。

可见随着成长以及外界诸多因素的介入，孩子们会隐藏自己对于喜好的表达，表现出"假"喜欢，而幼儿园的孩子，虽然他们能直接表达喜好，可受到知识面及思维能力的局限，大多数孩子又不具备研究能力。故要做到"主动发现"并不是件容易的事，需要通过一定的引导去实现，让"喜好"与"研究"达到统一。在《思维演说＋》教学过程中，我们将"主动发现"与演说选题形式结合，让孩子在小实验中进行选题。

第一步：对于最近的生活开心吗？可分为开心、一般或是不开心。如开心可以进行后续试验。

是什么让你开心，是做了喜欢的事？是取得了显著的成绩？还是在某一方面得到表扬了？为了客观得到孩子的潜能领域，在不知实验过程与目的的情况下请孩子如实表达自己的情绪非常重要。

第二步：规定时间内，在空白纸上把近期做的事用词语形式写下来，不间断无意识地书写。

无意识书写就要求孩子客观展示近期做过的所有事。现在对于 10 岁左右的孩子，他们所接触事物的面非常广、信息渠道也多，也许有很多事物都吸引他们，究竟是什么？大人不知道，也不能为其判断。有时候或许孩子自己都无法分辨，讲述清楚。故我们采取在无意识状态下不间断书写的形式将孩子们做过的事客观展示。

第三步：将词语进行分类，分为喜欢、一般以及不喜欢。

将书写的所有事进行初次分类，可以引导孩子用不一样的符号表示，最终我们只需要选用"喜欢"一类即可。过程中，我们不需要去观察孩子、指导孩子应该选这个或那个，当孩子面对纸上呈现的较为具象的事物，他们是有能力作出清晰的判断的。记得曾经有位小朋友做的选项是吃面包，结果他进行了一次关于面包发酵的演说。

第四步：在喜欢的领域中，进行再分类，分为擅长、一般以及不擅长。

这一步是孩子对自我的一个评判，他会有自己的标准，不是我们来衡量他擅长与否。我们只需引导其在喜好领域，再次用不一样的符号进行分类。最终我们会挑选出喜好领域与擅长领域的交集部分。

第五步：在喜欢又擅长的几个词语中，为每一件事标上大致花的时间，以及愿意花最久时间的事，选题可以从这类事情中产生。

在这一步中，我们需要标注的与其说是时间，不如说是努力和热情。由于孩子受到年龄限制，且主要的经历都会在学习和学校中，所以大部分孩子已经在某项领域中花了大量时间的概率并不高，故我会给他们另一个选项就是他愿意花更多时间在哪个领域，这样的设计可能更符合孩子的年龄特点与实际情况。

在这里我们要注意两点：

1. 我不能说我帮助孩子们找到了天赋。因为我认为天赋的形成除了天资，还需要大量的坚持努力，已经做到这一步的孩子并不多，而我们的工作是让更多的孩子往这个方向走。但我可以说这是他们的潜能，我们同样不能忽略可能走向天赋的任何一个可能性，并且通过演说将其放大。

2. 我们的孩子随着成长接触到更多的信息，他的潜能会不断变化，故我们的训练方法可以说更适用于阶段性的演说选题。

《思维演说+》小课堂

我们的教学是一种让孩子们发现潜能，并且通过语言表达放大潜能，最终走向天赋的催化剂。

《我的多功能汉服》
——以问题为导向的演说选题

（此方法适用于9岁以上孩子）

人物：张心心（化名）

年龄：11岁

性格：外表看似内向、柔弱，实际好强、有毅力，是一个会
和男孩"打架"的小"霸王花"。

表达特点：善于思考、表现力稍弱。

我的梦想是成为一名服装设计师，我梦想在18岁之前
能设计出一百套衣服。我之前去杭州西湖游玩时，看到好
多人都穿着汉服，觉得很漂亮，所以我很想尝试着去设计
一件汉服。

我在网上查了很多有关汉服的资料。汉服的优点是端

庄大气，能显示出好身材。但是它不适合运动、不保暖。穿着的广泛性就受到影响。所以我想在传统汉服的基础上进行改良。首先我研究了一下面料，传统的面料有棉花、丝绸、蚕丝、羽绒等。棉花又厚又重，不美观，做成汉服披在身上像被单；丝绸比较轻薄，可以用来制作夏天的外套，显得飘逸神秘；蚕丝的舒适度比较好，人体的接触度达到87%，但是保暖度不佳，而羽绒虽然比较保暖，但是不美观，因此，我想把这两者结合起来：里面贴身穿的一件用蚕丝制作，外面一件就用羽绒，这样即使在冬天也能起到保暖的作用。

接着说一下汉服的一个不足，就是不适合运动。大家都知道汉服是长裙的式样，当你跑起来的时候，一踩住，"啪"，摔个大马趴，不幸的话还吃一口泥。相对来说裤子就方便多了，但是裤子又没有裙子好看啊，所以我想把两者结合起来，裙和裤，加起来就是裙裤。既有裙子的飘逸，又有裤子的方便，而且我觉得裙裤比裤子更适合运动。我妈妈就喜欢在我上体育课的时候给我穿裙裤，这样的话劈叉也很方便。

我重点研究了一下汉服的风格。优雅、端庄、可爱这些都是汉服原有的风格，我就不多介绍了。我想让我的汉服有一种神秘的感觉，看起来既成熟又可爱。那么大家要问了："成熟和可爱不是矛盾了吗？"下面就用我设计的两件衣服来给大家解答。

第一件在展示优雅的同时又不失青春。这件衣服主要采用了冷色调蓝色和紫色，这样就可以给大家一种神秘的感觉。我给它取名叫"夜未央"。贴身的那件是用蚕丝做的，外面的外套是用丝绸做的，轻薄飘逸，适合在夏天的夜晚穿着，在皎洁的月光下，微风吹拂，穿着这样一件有仙气的衣服，是不是特有感觉。我们来看一下细节。先看一下头饰。我给它取名叫花满缀，给人可爱青春的感觉。接着我加入了中国元素孔明灯。想象一下幽幽的孔明灯在风中慢慢散开，很有意境。然后是腰带，上面有一个蝴蝶结。蓝色的蝴蝶结在腰间起到画龙点睛的作用，使整件衣服灵动起来。

如果大家觉得这件衣服只适合天气暖和的时候穿着，那么让我们来看第二件："彼岸花"。跟第一件截然不同，活泼可爱。我主要用的是暖色调红色粉色，很喜气很温暖，选用轻薄羽绒面料。为了使它不显得厚重，我设计成低领，然后背后加上了大大的蝴蝶结，外加长长的飘带。同样，腰间的腰带选用红色的中国结。我在衣服上设计了秋天的菊花图案，轮廓不清晰，有时能看到，有时又看不清楚，若隐若现，犹如"彼岸花"。

这是我设计的两件衣服。我把带有浓浓的中国味道的孔明灯、中国结、菊花等元素融入进我的服装中。中国文化博大精深，中国元素无处不在。我想牡丹、祥云、京剧脸谱等以后都会出现在我的作品中。我一定会多多努力，完成我100套服装设计的梦想。谢谢大家！

今天的课堂上，张心心作了一段演说。她在台词训练及朗诵作品排练中，并不算出挑。在我眼中这是个性格比较内向，且含蓄的女孩。可她的这次演说却让我眼前一亮，她使用了这样的语言如"我在18岁之前能设计出一百套衣服"、"是不是特有感觉"，她为设计图取的名字"夜未央"、"花满缀"等，让我惊喜的不单单是她对于服装的敏感，更是我看到了同她乖乖女形象不同的一面，这些可能是她妈妈都不了解的。

樱花

裙裤

花满缀

孔明灯

图 11：张心心的多功能汉服设计图

过程中，我给孩子的主题并不是我的梦想，如单单阐述我的梦想并不能引导她进一步思考及发现。故孩子们在完成天赋催化剂中提到的五步选题法后，我请他们在所选领域尽可能了解更多的信息、看更多的资料，随后，提出一个有效问题。张心心的选题是服装，她提出了有效问题，汉服很美，可是穿起来不方便，如何才能让汉服实用一些？她的演说便是对这个问题的研究以及探索。

《思维演说+ 》小课堂

五步选题法完成后，在该领域提出有效问题，并对问题进行研究与探索即可成为演说的主题。

基因是怎么产生的?
——看不见的潜能

人物：朱小成（化名）

年龄：9 岁

性别：男

表达特点：善于思考、表现力稍弱。

我喜欢的领域是生物，我有个问题就是基因是怎么产生的。我在想研究细胞、细菌、血型、地球的形成这些方面是不是可能有所收获。首先是线粒体、中心体、细胞仁、细胞核、细胞膜，可是最重要的还是在线粒体，因为这里有大量的基因。细菌有好的和坏的，坏的细菌中分 S、R。S 打到任何生物里都是死亡，如果 S 加上热量，打到任何生物里又都活了。如果 R 打到任何生物里，它就是活着的。如果 R＋S＋热，那么就是死的。我想如果能做一些细胞的对比，先去计算出它分离前的一系列基因，然后计算出分离后细胞的基因，对得到结果是不是有帮助呢？

我从血型这个方向也去作了了解，血型有 O、A、B，它可以分成 OA、OO、AB、AA、AB、BB。小朋友们你们的血型是什么呢？我要先知道我的长辈的血型还有我的，看看血型是不是有遗传，这可能和基因也有关系。

然后我就想地球形成会不会和基因产生有关系呢？宇宙在一次大爆炸后，就有了银河系，银河系里有了太阳系。据说以前有两个地球，一个地球和另一个地球撞了，因为两个地球会自转，然后就撞了。撞了就热了，然后它的面积就扩大了。大家可以搓搓手看看，就和我们搓手一样，搓了就热了，然后面积就扩大了，就成了我们今天的地球。那时候会产生氢、氨、二氧化碳、硫化钾。那时候的温度可以达到四万亿摄氏度，相当于太阳温度的 25 倍。

看了这些我就在想，基因的产生应该和高温、高压、气体分不开。虽然我现在还不能解决这个问题，但我相信未来的某一天，我可以！

在今天的课上，朱小成作了一段关于基因是如何产生的演说，这是他在经过潜能试验后、对他的有效问题作出进一步思考的演说片段。他的讲述把大家说得目瞪口呆，当然包括我在内。因为普通人对这个领域都太陌生，更别说这在座的都只是二三年级的小学生。

我非常好奇朱小成为什么会做这样的思考？我了解了他的家庭背景，他的妈妈是上海某小学的音乐老师，他的爸爸从事金融有关工作。他的家庭没有任何人从事与生物有关的工作，因此他的妈妈对他讲的内容也感到既好奇又惊讶，为什么儿子会有这方面的思考？可见朱小成在思考的过程中，完全没有家长的参与。虽然他的思考与表述很稚嫩，但的确震撼到我了。这个看似内向，又有些害羞的男孩，也有着自己执着和热衷的事。我想我和她的妈妈下一步该做的就是邀请生物有关的指导老师，帮助朱小成一起探索，期待他进一步的思考与演说。

通过朱小成的案例，我发现每个孩子都有不一样的潜能，且有的时候会藏起来，需要我们耐心发现，并小心呵护。记得班级上有一位同学胖胖，如以主持课的标准与要求，他可能并不是个出挑的孩子，甚至我想说他不适合担任小主持或是小演员。可是，在每次选题后，他总是会把演说与历史结合，特别是明朝的历史。我发现明朝时期的事件、著名人物他张口就来，从来不需要有任何多余的笔记提示，随随便便讲个 20 分钟不是问题。前来听课的老师，甚至是历史博物馆的研究员老师对此都感到非常惊讶，一个四年级的小学生对于历史知识能有这样的储备。有一次我与他的妈妈沟通了解到，胖胖家中也并没有从事历史有关职业的人，他只是平时非常喜欢听一些历史节目、看一些历史书。并且他们并不觉得胖胖有这个"爱好"是件好事，他们更希望孩子能专注学习。我向胖胖妈妈解释道，孩子对于历史的喜好已经表现出天赋的趋势了，这非常难得，也希望胖胖妈妈能够尊重孩子，并且支持他。胖胖妈妈听后也感到很惊讶，并表示会支持孩子的兴趣。是呀，说不定一位著名的历史学者就是这么诞生的！

《思维演说+ 》小课堂

孩子们的潜能有时候会藏起来，我们要耐心、仔细地引导孩子去发现、探索，并小心呵护，未来应掌握在孩子自己手中。

奇葩的游泳姿势
——喜欢＋独特的化学反应

（此方法适用于 10 岁以上孩子）

人物：陈小瑜

性别：男

年龄：11 岁

性格：较内向

表达特点：被动思考、表现力较弱。

　　我最喜欢的运动是游泳，我喜欢游泳的那种境界，就是说，我想学习游泳就是会偷偷溜出去游泳。有的时候，我在家里，爷爷奶奶看管着我，结果他们一不小心把我看没了。可爷爷奶奶每次去找我却找不到我，为什么？我每次都会去不同的游泳馆游泳，我怕他们会找到我。因为每次他们找到我，都会把我揪着耳朵揪回家去，然后就不会让我去游泳，我就会整晚睡不着觉。大家知道吗？我游泳有一个习惯，喜欢歪着头游。因为我怕爷爷奶奶找到我，我一直时不时要看一眼他们在不在。

今天，我听到了陈小瑜的演说，让我有些震撼。陈小瑜是一个较内向，不善于表现，理解能力、表达能力都不算出挑。可让我没想到的是，他却有着对游泳这样的一份执着。他的语言很朴实，没有一点外加的表演元素，可他确实感染到我们在场每一个人了。他不是在背稿，他在表达自己。

事实上，他的这段演说主题并不是命题作文《我最喜欢XXX》，在课堂上，我采用以下步骤进行引导：

第一步：完成五步选题法

完成五步选题法后，有的孩子得到的会是一个类似足球、围棋，这样比较宽泛的主题，有的孩子会得到吃糖、面包稍微小一些的主题。

第二步：思考我的独特之处

这一环节中，我们需要引导孩子独立思考这个问题，想一想自己和别人不一样的地方，可以是一个想法、一段经历等。需注意的是，思考过程不需要与上一步有任何衔接。

第三步：将以上两者结合

可能大家会觉得很奇怪，这两步可能是完全不相干的要如何结合。还记得前面提到的词语组合游戏吗？运用关系型思维，找到共同点将其结合并讲述。之前我们提到五步选题是孩子寻找其潜能领域的过程，为什么要将其与独特之处融合呢？因为孩子们的思维受到年龄限制，深度广度都比较局限。有时，哪怕是潜能领域的研究也并不能提出独创性的观点。如可以在此过程突出自己的独特、与众不同之处，是非常适合孩子通过语言的形式彰显其个性的。

如陈小瑜选定的大主题是游泳，他的独特之处在于游泳姿势和别人很不一样，因此他将两者融合。陈小瑜的演说阐述了他之所以会有这样姿势的原因，表达了他对于游泳的热情。它既围绕自己擅长又喜欢的领域，他愿意思考、愿意去探索，他又能将自己独特之处呈现出来，便更容易吸引人。这个练习更适用于四年级以上孩子，原因在于此年龄段孩子抽象思维进一步发展，有一定独立思考的能力。在此时引导其主动发现，更易于孩子建立自我认同感、自信心。

《思维演说+》小课堂

潜能＋独特融合演说，找到其共同点才是关键。

乐观就是我的强项
——拿腔拿调男孩的惊人蜕变

人物：杨小恒（化名）

年龄：四年级

性别：男孩

情况：学习声乐及主持三年。

特点：班级里有名的"小话痨"，连续讲一小时话不带喝
　　　口水。

　　今天，我要来和大家分享一部我喜欢看的电影《速度
与激情》，不知道有没有人看过，大家可以说一下你们对这
个片子的看法是什么。

　　观众：太危险了!（观众们大笑）

没错，这位家长说得非常非常对，就是很危险。这部电影，一开始是赛车片，后来是谍战片。速七的时候又是战争片，很大的战争呐！在速七的时候，托雷托团队在速五、速六时消灭了肖的弟弟欧文，肖为他的弟弟复仇了，并且与托雷托团队决一死战，一定要为他弟弟报仇。

我觉得托雷托的性格和我很像，他总是告诉团队要发挥自己的长处，团结一致。面对困难更要积极乐观，最终才能取得胜利，而我在现实生活中也是这样一个乐观开朗积极向上的男生。

观众：你什么时候也能把你的小肌肉练出来呢？

那就等我长大之后吧！（观众们笑）说到我的乐观。记得有一次，在探究课上，我和其他四位同学是一个小组，探究世博会。过程中，我们因为争吵发生了不愉快，研究几乎进行不下去。我作为团队的一分子、大家的开心果，一直积极完成任务，结果我们成功了。

我觉得这就是我，一个乐观开朗积极向上的男孩。

还记得把背稿当演说的杨小恒吗？这是他在学习了一段时间后的即兴演说，我看了他前后演说的视频，发现了惊人的对比。在之前的讲述中，他背诵痕迹以及刻板的手势语给人感觉并不好，在讲述中他唯一的思维状态就是在不断回忆稿件中的语句，而这次他的演说，能自然与现场观众进行交流互动，且把他本身台词训练的优势例如嘹亮的声音，丰富的表现力等完全体现出来。我们平时看到的他真的是一个大大咧咧、乐观向上的大男孩，如此自然、真实地呈现在舞台上。

就这段即兴演说而言，他已经完成潜能＋独特点的结合。虽然语言的组织、案例使用还有所欠缺，但就杨小恒最初的演说状态而言，这是他突破性的变化，他感染到我们现场每一个人。他在过程中完成了：

1. 主动发现

他发现自己对于电影的热爱，这是他的潜能领域；同时，他发现了自己身上的独特点，大嗓门、爽朗的笑声、爱讲话，乐观开朗的阳光男孩。比起陈小瑜热爱游泳及独特奇葩的姿势，两者的共同处的逻辑关系非常直接。杨小恒认为电影与他乐观开朗的交集是《速度与激情》中托雷托这个人物，故他的演说呈现了一段电影简介，至主人公性格的描述，至自己的经历。

2. 自信演绎

他的语言具有表现力、演说中带有一定表演元素。如他在说到"非常非常对，就是很危险"，他对于重音的使用、态势语的表现都很丰富。整个演说，杨小恒声音高亢、热情洋溢，将其个性特征表现得淋漓尽致。

3. 语言思维

在他的演说中，时不时会有观众（家长）现场互动，这都是我们事先不知道的突发状况。我们可以看到，他具备在舞台、面对众人即兴组织语言的思维速度。他也运用了关联型思维，体现了其抽象思维的发展。

这是杨小恒第一次当众进行演说，下台后，他非常亢奋，却自信满满地告诉我："老师我觉得演说也不是很难，就是动脑筋说话嘛！"没错，这也是我想说的。

《思维演说+》小课堂

演说其实也不是很难，就是动脑筋说话。

幼鲸真的是吃垃圾后死亡的吗

——情绪从来不是"演"出来的

人物；祝小浩

年龄：10 岁

性别：男

表达：善于思考，当众表达容易紧张。

我在网上看到一条新闻，说是台湾一条幼鲸吃了过多垃圾而死亡。它死亡的时间是 2015 年 6 月 26 日，事情发生地点是台中港区、接近太平洋。报道中写道，它是吃了十公升的垃圾，我研究了一下，这相当于农夫山泉那种超大装的水，要四桶，是一个家庭一天的生活垃圾。它是领航鲸，它是刚刚被妈妈生出肚子，我想它是无法判断食物的好坏，才误把垃圾当食物给吃了。报道中写道，它是在离岸边500米处被发现的，我就想了，领航鲸可潜水1 000米到5 000米。我还看到网上的图片，是它胃的解剖图，它的胃很小，但垃圾里是有东西的。这些都说明这个垃圾是沉下去的，而不是浮在海面上的。这个报道的媒体是"中国时报"，它是台湾历史很悠久的媒体，成立于1950年，说明这个报道是真实的。

看了这条新闻，我要呼吁大家的是，不要乱丢垃圾！大家是不是看过极限挑战，里面第五季有一期节目就是极限男人帮去黄浦江捡垃圾，他们用两大包垃圾袋捡，都已经塞不下了。我还问了我爸爸，这些垃圾都是哪里来的，他说一部分是从河里垃圾流过来的，还有一部分就是人们参观外滩，把自己身上的垃圾丢到黄浦江里面。所以我要倡导大家不要乱扔垃圾！

看到祝小浩的这段演说，比较羞涩的他，感觉和平时有些不一样。他时不时皱着眉头，使用有力的体态语，重音也显得特别突出。显然，他很激动，这是个爱动物的男孩，看到大家这么对待他所喜爱的动物，他愤怒、悲伤。

在小主持的课程中，我们可以通过重音、停顿等外部技巧的使用，使孩子的语言看似有情感。但这与孩子本身所产生的情绪是不一样的，它更能感染观众。

在选题之后，我经常会请孩子多看看该领域的资料，多收集信息，并每周在课堂上与同学们交流看到的信息与感受。这段并不是我们要求的完整版的演说，但通过这个过程，我能及时了解孩子查看资料的进度、方向，便于之后给予他们更多的引导。祝小浩在经过五步选题法后得到的领域是动物，这是他在看动物有关资料的时候和大家分享的一则新闻与他的思考。在他的演说中，我们看到了他感兴趣的方向与他的感受，为他的进一步探索奠定了基础。

《思维演说+》小课堂

确定初步选题后，给予孩子自己探索与发现的空间。你会发现他此刻的表达那么真实，他的情绪源自内心。不需要我们去告诉他，这里要笑、有表情，这里要加强力度……

兔子不适合家养
——养兔"专家"的感悟主题说

（此方法适合 10 岁以上孩子）

人物：孙小越（化名）

年龄：12 岁

性别：男

表达特点：善于思考、有一定表现力，已能找到适合自己
的表达路线。

　　大家都知道我家里养了兔子吧，今天我就想和大家讲
一下，兔子非常不适合家养。

　　首先，我想说兔子非常笨。我在百度上查找了训猫、
训狗、训兔子。训猫、训狗都找到了，就是训兔子没找
到。百度上说训练狗 XXX 行为，就能让他产生基本的反

应。我试了一下："兔兔，起来、起来，站站！"（模仿训兔子场景）结果兔子就沿着笼子爬上来了，一口吃了胡萝卜。第二次我又这么对它说，想看看它有没有反应，结果……不理我。就这样，我重复了至少50次，是50次！同学，这是个什么概念！这只兔子还是不会，我真是很无奈。

第二我想说养了兔子真的一点用也没有，它不会看家。你们有没有看过一部动画片《皮皮鲁和无尾大侠》。就是说有一只没有尾巴的兔子，有一只老鼠经常骑在它身上，看过这个故事吗？刚开始养兔子，我也梦想骑在兔子身上，当然后来我知道这个不可能。但我又想兔子能不能在家门口守一守啊，像小狗那样。有一次，我不小心忘记关笼子门了，更可怕的是阳台门也忘记关了。兔子就直接冲进房间，在沙发上撒尿什么的，这彻底打消了我以前对兔子的美好憧憬。

第三，兔子的记忆力真的特别差，它不会像狗一样会有报恩啊这种行为。我爸就是一个忠诚的"铲屎官"，每天都辛辛苦苦为它铲屎，履行他的职责。有一次，我们去度假，兔子在宠物医院关了十天。就只关了十天哎，各位同学，结果呢？完全认不得人了。

还有养兔子太不划算了，我有鼻炎嘛，夏天的时候兔毛满屋子乱飘，随手一抓就是一大把。而且兔子夏天真的很臭，全天都要开空调，要不兔子要被热死的。所以这只兔子夏天要花费我们几千块的电费。

所以真的不要养兔子，不要以为兔子看着温顺可爱就被它欺骗，千万不要养兔子。

今天孙小越作了一段关于养兔子感悟主题的演说，孩子们哄堂大笑，令我没想到的是不少家长也笑得不停。更重要的是，听了他的演说，我彻底放弃为我儿子养只兔子的念头了，可见孩子们的演说同样可以吸引成人且说服成人。

他的演说体现了他主动发现，他会去探索兔子的本领，为了训练兔子他甚至做了50次实验；他讲述的逻辑清晰，故事案例选择恰当，他运用了因果关联、推理等语言思维；再者，他的演说非常生动，结合了表演元素，并现场展现他如何训练兔子的场景，让人感同身受。故我认为孙小越作了非常成功的一次演说。过程中，我这样引导孩子：

第一步：感悟三要素练习

在进行感悟主题说前，孩子需掌握这样的语言思维：

观点——分析——情境

孩子可以任意选择主题，并用三要素来表达自己的观点。三要素的运用可根据主题的不同需要，作顺序上的改变。孙小越的四个案例均使用了以上三要素。兔子很笨——没有人成功训练兔子——我亲身体验训练兔子的故事。

第二步：潜能五步选题法

无疑孙小越的潜能领域是兔子。虽然他认为兔子不适合家养，但看得出他为他的小兔子付出了很多，他爱他的兔子。

第三步：树立"专家"意识

我总是这样告诉孩子：在你的潜能领域提出一个观点，注意是观点不是事实。不要在意你说的对不对，因为孙老师都不了解、观众都不了解。我们都不了解兔子、不了解人工智能、不了解服装、我也不会游泳，你们就是自己领域的专家！

第四步：演说结构建立

——总观点

——分观点 1——分析——分情境 1

——分观点 2——分析——分情境 2

——分观点 3——分析——分情境 3

——重复观点（期望与激励）

《思维演说+》小课堂

鼓励、保护孩子的自信，引导其探索和发现。请孩子来段感悟主题说吧，孩子也可以成为"小专家"。

一起来学历史典故吧
——"专家"也要接地气

（此方法适合 10 岁以上孩子）

人物：胖胖（化名）

性别：男

年龄：12 岁

表达特点：善于思考、语言表现力稍弱。

本节课主题是：传授大家知识与技能的主题演说。在这个时代，小学生们的信息量可能已经大大超越我们的想象。动物"专家"孙小越今天又来了一段关于养猪的技能说，他是这样开场的：

大家喜欢吃猪肉吗？最近有一个不好的消息，就是猪肉因为猪瘟开始涨价了。以前猪肉最便宜，是大多数家庭都可以消费得起的。新华社还报道说，国家畜牧局已经对此展开调查了。还有人半玩笑地说："二师兄身价已经飙过师傅！"由此可见，猪肉涨价已经影响到大家的生活了，会不会吃肉以后都是个难题了。如果有一种科学的安全的养猪方法，能让猪瘟被控制住，猪肉价格就不会涨了对不对？所以今天我就要为大家讲讲如何科学地养猪……

孙小越讲完，现场瞬间一片安静。孙小越激情满满地讲完，可是大家貌似不怎么感兴趣，这是为什么？

孙小越的"养猪技能说"并不怎么受欢迎，原因是这和台下的观众关联性并不大。哪怕孙小越是养猪、养兔子"专家"，可是台下观众都是小学生，他们并没有养猪或与养猪相关的需求，从他的演说中收获不到任何想要的信息，为什么要听呢？

《思维演说+》小课堂：

了解你的观众，从观众角度出发；关联性指的是你所教授大家的技能与观众之间，要通过你的表达建立起逻辑关联，要拉得越近越好哦，了解＋关联，演说才能吸引人！

胖胖：问问大家在生活中有遇到过这样的人，满口的历史典故、说话一套套，是不是就感觉特别牛？

观众：是！

胖胖：如果你们在和别人聊天也时常来两句历史典故，搞不好大家就会向你投来羡慕的眼光（事实上胖胖自己就是这样成为大家心目中的历史"专家"的）。大家平时参加语文考试，如果能在作文里加几个历史典故，大家想想这个分数蹭蹭蹭就上去了。可是这个历史典故也不是那么好学的，要翻一些史料啊什么，有时候还看不懂。今天我就教给大家一些简单又常用的历史典故，大家想不想学？

观众：（80％观众举手表示感兴趣）

历史典故看似是比较深奥的内容，在胖胖眼里成了和同学聊天装"酷"以及考试作文得高分的资本，想必这是每个孩子渴望所得的，所以他成功吸引了他的观众，看来哪怕是"专家"也得接地气呀！

猫咪也会跳楼自杀？
——演说悬念的运用

（此方法适合 8 岁以上孩子）

悬念是小说、影视、话剧等艺术作品中常用的艺术手法，用某个原因吸引观众去期待未知的内容，而求知欲望可以说是人们一种与生俱来的本能，故合理使用悬念在艺术作品中会呈现非常好的效果。在演说中，悬念也是一个非常好用的技能，它会引发听众的好奇心，让单一的语言表演形式极大程度吸引听众。在课堂上，我们做了一次有关悬念的学习与运用：

设置悬念：1＋1＝多少？相信很多小朋友会回答是 2，其实 1＋1＞2 哦！

观点：团结力量大。

我会以举实例的方式来讲述悬念的基本运用方式，1＋1＝2 是小学生们都知道的数学题，但我非要说 1＋1＞2。

我把这个判断的原因隐藏，孩子们感到好奇之余，会更认真地听我的讲述。当听到"答案"，也是我的观点，团结力量大的时候，孩子们因恍然大悟而感到欣喜。这个"卖关子"，故意不告诉大家原因的过程就是制造悬念的过程，我们可以这样引导孩子：

第一步：明确观点，确定主题

任何悬念技法，都必须符合主题。如学生蓓蓓（化名），她研究的领域是动物。她的观点是不科学养宠物，不是爱而是伤害。

第二步：寻找合适的故事

适合用作悬念的故事，往往是与众不同的。我们可以大致将其分为三类，奇怪的、可怕的或是好笑的。蓓蓓选择了她在网络上看到的一条奇怪新闻，某小区猫咪跳楼自杀。猫咪怎么会和人一样选择跳楼自杀，难道它有了人的情感？多奇怪呀！

第三步：讲述中，将故事的任意元素隐藏起来

按照事件讲述的三要素，起因、经过以及结果，我们任意隐藏一个元素，即可形成悬念。如 $1+1>2$ 的悬念：

起因：$1+1=2$，可我说 $1+1>2$

经过：1、2 这些数字都是代表个体，但 1＋1 代表的是团队，团队的力量远比两个独立个体的力量要大。

结果：1＋1＞2

悬念设置中，我隐藏的是事件的经过部分。蓓蓓的悬念设置如下：

起因：猫咪整天被关在笼子里

经过：它们长期孤独，渴望自由，对窗外的世界充满向往，或是因为到了发情期，当听到外界猫咪的呼唤时，会忍不住冲动而不顾一切地跳出窗外去。

结果：猫咪跳楼自杀了。

显然，蓓蓓隐藏的是事件的经过部分。

第四步：控制时间

为了吸引观众，通常我们会把悬念添加在演说开场。如孩子的演说时长是 4 分钟左右，那么悬念的讲述，控制在 30 秒以内较好。

蓓蓓的演说：

不科学的养宠物到底是爱还是伤害

众所周知，小猫是颜值很高、性格温顺的小可爱，很多同学都养猫的。但是，你们一定没有想到，这样的小可爱，居然会跳楼自杀。最近，某家宠物医院就收治了许多因从楼上跳下而受伤的小猫。这到底是什么情况？

据统计，2019年中国城镇宠物消费市场突破2 000亿，我们以为自己对宠物很好，实际上真的是对它们好了吗？我们考虑到他们真正要什么了吗？今天我要告诉大家，不科学的养宠物是一种伤害而不是爱。

我们先来看看某商场饲养的大号宠物。去年，上海某商场内饲养长颈鹿了。长颈鹿是一种野生动物，长颈鹿身高近4米，适合生活在大草原。但它却被安排居住在商场内一百多平方米的围栏内。长颈鹿宝宝因为不适应这样人流密集空间狭小的环境，而惊恐万分甚至无法正常进食。幸好上海市政府和有关方面及时阻止了商场的这一行为，才让小长颈鹿幸免一难。

我家附近的公园内有一个小动物岛，里面饲养了许多动物，有猴子、兔子、羊、鹿、老虎等，但它们大多都没什么精神。就拿狮子来说吧，我早上去看它的时候，它正懒洋洋地睡在石头边上，我在公园里玩了一圈，到了下午再来到狮子区观看，它依然原地不动。连续几天我继续观察，它还是如此。即使饲养员给它喂食，它也只是咬嘴边的食物，然后继续懒洋洋地躺下。虽说狮子平均一天要睡18 到 20 小时，但是在食物面前应当表现出猎食动物应该有的兴奋。但这里的狮子，却永远那么睡意蒙眬。有科学家说，这是因为长期生活在人类的保护伞下，失去了兽性。

最后我们回到开头的小猫跳楼的案例，有一句话叫作"好奇害死猫"。许多猫之所以会跳楼，是因为它们长期孤独，渴望自由，对窗外的世界充满向往，或是因为到了发情期，当听到外界猫咪的呼唤时，会忍不住冲动而不顾一切地跳出窗外去。我们把猫咪关在笼子里，认为是对它好，事实根本不是这样。

上面这些案例能证明不科学的养宠物是对动物的伤害而不是一种爱。我希望大家在养宠物之前，先考虑自己有没有能力和条件饲养它，给它一个温暖的适合它的"家"。

蓓蓓的演说中，将故事的结果放在演说开头，将起因与经过放在演说结尾。从始至终吸引着听众的好奇心，在悬念的运用上较为成功。那么如何判断悬念设置成功与否呢？根据试验，我认为可以把这个权利给予听众们，根据小听众们最直接的感受来判断悬念设置的好坏。当一个孩子讲完后，听众们会有各种惊讶的、害怕的、哄堂大笑等情绪变化，但最后都回归到三个字："然后呢？"可见这位同学成功完成他的悬念设置，让听众们迫不及待想知道结果。

《思维演说+》小课堂

悬念的设置是吸引听众注意力的有效手段。第一步，明确观点，确定主题；第二步，寻找合适的故事；第三步，讲述中，将故事的任意元素隐藏起来；第四步，控制时间。

第四章　自信『演』起来

台词是思维外化的表现方式
——演说课的台词相关训练

（适合 5 岁以上孩子）

台词是戏剧表演中的专业术语，各大艺术类院校的表演专业、主持专业，均开设台词训练相关课程。但凡涉及语言表演、展示的专业，台词训练可以说是必不可少。

曾经有人问我对于孩子的演说课程，台词应该训练到什么程度？我的回答是，训练到孩子有足够的表现力去呈现他的想法。我认为台词训练只是少儿演说的一部分，它应服务于孩子的思维。故在《思维演说＋》课程中，我根据孩子们普遍存在的问题选择一些练习方法提升孩子台词表现能力：

一、咬字力度的训练

我发现孩子们说话有个普遍存在问题：说话时小嘴

巴不用力。嘴皮子松，嘴也不张开。那必然就会造成说话口齿不清，传达信息不明确。这是一种说话习惯问题，我时常会选用读绕口令的方式，帮助孩子们改正这个习惯。

例:《八百标兵奔北坡》

八百标兵奔北坡，

炮兵并排北边跑。

炮兵怕把标兵碰，

标兵怕碰炮兵炮。

孩子的台词训练常常会有一个误区，就是老师带着孩子们读读儿歌、讲讲故事。幼儿园老师也能教、家长在家也能教。为什么我们非要有针对性地学习台词呢？的确，字都认识，带着孩子读几遍就会念甚至会背了。可是每一篇台词选段中，都有重要的知识点。如八百标兵的绕口令的要求是嘴巴要张大、用力以及后鼻音运用。我们必须非常清晰了解知识点，并且逐字帮助孩子纠正，才能有效提升孩子的台词表现力。

二、声音塑造力训练

在提声音塑造力之前，我会先让孩子说话时做到声音响亮。特别是年龄小的孩子，当众表达时容易紧张、羞涩，不愿意放开声音说话。为此，我会采取声音响亮三步走来帮助孩子们打开声音。

- "啊"音练习：吸气，提起软腭，声音稳定，尽可能保持久

- "嘿哈"音练习：声音要像拍皮球一样，有弹性、有力度

- "你好"音练习：呼喊声练习

在打开声音后，我们要通过练习、方法引导孩子掌握一定声音塑造能力。我会先告诉他们：声音会变魔术哦！用练习让孩子们理解声音可以变化：

例如：你——好——

- 用爸爸的声音说你好：低沉、有力

- 用宝宝的声音说你好：高、尖、有活力

- 用老爷爷的声音说你好：沙哑、无力

讲故事，是训练声音塑造力非常好的方法。故事应选用孩子们喜爱的题材，类似小动物的，有较多角色及角色

台词，且人物性格鲜明、声音容易塑造的故事。

例：故事《猴王吃西瓜》

猴王找到了一个大西瓜，可是，怎么吃呢？这个猴啊，是从来也没有吃过西瓜。忽然，他想出了一条妙计，于是，把所有的猴都召集来了。

他清了清嗓子："今天，我找到了一个大西瓜。至于这西瓜的吃法嘛，我当然……当然是知道的。不过，我要考验一下大伙儿的智慧，看看谁能说出这西瓜的吃法。如果说对了，我可以多赏他一块。如果说错了，我可要惩罚他！"

小毛猴眨巴眨巴眼睛，挠了挠腮说："我知道，吃西瓜是吃瓤！"

"不对！小毛猴说得不对！"短尾巴猴跳了起来："我小的时候跟我妈去姥姥家，吃过甜瓜，吃甜瓜就是吃皮。我想，这甜瓜也是瓜，西瓜也是瓜，吃西瓜嘛，当然也是吃皮咯。"

大伙儿争了半天，也没争出个结果，于是都不由地把目光集中到一个老猴的身上……这老猴认为出头露面的机会来了，他清了清嗓子说："这吃西瓜嘛，当然……当然是吃皮咯。我从小就爱吃西瓜，而且……而且一直都是吃皮的。我想，我之所以老而不死，就是因为吃了这西瓜皮的缘故……"

大伙都欢呼起来："对！吃西瓜吃皮！""吃西瓜吃皮！"……

猴王认为找到了正确答案，他站起身来，上前一步说："对！大伙说得对！吃西瓜是吃皮。哼！就小毛猴崽子一个人说吃西瓜吃瓤，那就让他一个人吃吧！咱们大伙，都吃西瓜皮！"

《猴王吃西瓜》是一个经典儿童台词训练故事，其中的人物性格、声音特点十分明显，便于孩子们想象创造。猴王的声音低沉、稳健，并透着王者的骄傲之感；小毛猴的声音较高、尖细，需表现出聪明、可爱的性格特点；短尾巴猴的声音可以使用孩子最原本的声音，但需表现出其倔强、有些任性的性格特征。老猴的声音需要孩子们微微"掐嗓子"，塑造出沙哑的效果。这篇台词的训练目标是孩子们能用自己的声音塑造出 4 种不同的人物以及旁白。在模仿教师与自我想象的过程中，孩子们便可以逐渐掌握声音塑造能力，提高语言表现力。

《思维演说+ 》小课堂

台词训练是少儿演说课程的一部分，它服务于孩子的思维。掌握一定的台词表现力，可以让孩子的想法通过语言精彩呈现。

真交流，还是假交流？
——交流时要真听、真看、真感受

（此方法适用于7岁以上孩子）

交流对于演说而言非常重要，孩子们在演说中时常需要与嘉宾交流，与观众交流，与摄像机交流。当孩子们在舞台上进行当众演说时，交流更体现在演说者自己与自己的情感上。如孙小越的养兔子感悟说，当他提到尝试用喂食的方式来训练兔子条件反应时，他现场展示喂食场景，我们仿佛看到了小兔子就在他眼前，他与小兔子的交流真实而生动。当兔子不理睬他，他又在冥思苦想有效的方法。过程中都体现了他在演说中与自己记忆中的小兔子，与自己的想法、感情之间的交流。

在生活中，孩子们和同伴、家长、老师交流会很容易实现，时不时会真情流露。可一到舞台上，小朋友们以问答等形式交流，孩子们就会变得非常刻意、拿腔拿调，仿佛交流所传递的情感与信息被无形地拦住了，这是为什么呢？

为此针对低年龄段孩子，我做了这样一个实验，两个小朋友一组进行任意话题聊天，同样的聊天我们会重复做两次。第一次，我会悄悄地进行录像；第二次，他们会看到我正在录像。

例：

顾小熙（化名）（6 岁）：你喜欢吃什么？

杨小俊（化名）（7 岁）：呃……我喜欢吃大鱼大肉大虾。

顾小熙：啊？我喜欢吃没有骨头的东西。

杨小俊：那你喜欢什么玩具啊？

顾小熙：我喜欢车。

……

我发现了这样的情况：

1. 由于孩子们发现我一直在旁边录像，顾小熙会偷偷瞄我。但她注意力转移到我身上，就听不清楚对方的话，无法继续聊天，她们之间的交流被注意力拦截住了。

《思维演说+》小课堂：

交流时注意力要时刻在交流对象上，无论对象是自己还是他人。

2. 当重复聊两次一样的内容时，孩子们思考的时间会缩短，语速加快，相信再多重复几次就和"背书"一样了，她们之间的交流被惰性思考拦截住了。

《思维演说+》小课堂：

在大舞台演说时，需要增加更多的表演成分。但无论有多少表演成分，我们的思维都必须处于积极、主动感受的状态。

针对低幼年龄段的孩子们，我们直接提交流的概念并不能让他们理解，故我采用录像的方法，让孩子们直观感受真交流与假交流的不同：

1. 思考有过程

我："对方问你喜欢吃什么，你能立刻回答吗？"

显然，顾小熙并不理解这个问题的意义。于是，我播放了刚才的录像。杨小俊问问题后，顾小熙会有一个迟疑。

我："你为什么会等那么久再回答？"

顾小熙："那是我正在想！"

《思维演说+ 》小课堂：

所以我们知道交流对象之后会说些什么，也要让自己有这个思考的过程！

2. 反应要真实

我："当听到对方说他喜欢吃大鱼大肉大虾，你心里有什么反应呢？"顾小熙："我觉得很奇怪，鱼虾骨头很多，我觉得很麻烦！"

我："可是第二遍录像的时候，我没看到你感受到奇怪哦！"

《思维演说+ 》小课堂：

交流时，要根据对方的回答作出适当的反应！

3. 真听、真看、真感受

我："你觉得你和俊俊聊天的状态，第一次与第二次一样吗？"

顾小熙："不一样，第二次聊天的时候我的头、手都做动作，第一次聊天的时候没有！"

其实，我看到的是，第二次顾小熙的动作刻板、僵硬，有些拿腔拿调。因为她没有在听对方说的内容，她在思考老师在录像自己要做些什么动作呢？

《思维演说+》小课堂：

交流时其实不在意孩子做了什么动作，关键是要从心底出发，真听、真看、真感受对方的语言、情绪。

语言太"平"怎么破
——语言温度的训练

（适合 5 岁以上孩子）

经常会有家长提出这样的困惑："我家孩子朗读课文一个调，他没有感情啊！他说得像小和尚念经啊！"

孩子的语言缺乏"温度"，自然无法感染人。语言温度存在于日常生活中的每一次交流中，它表达了自己的情感，也将情感传递给对方。让语言产生温度，实则拉近人与人的距离，对于孩子而言，也是良好社交、沟通能力的体现。如果把 37℃作为日常交流时语言的温度，当我们问孩子你今年多大或者你在哪个学校上学，孩子回答的温度通常是 37℃，因为这个问题并不能让他的情绪产生变化。但孩子激动时，例如他极力想要买一个玩具，与妈妈表达这种想法时，他的语言温度可能达到 38℃，甚至更高。每个孩子的语言都可以产生温度，因为每个孩子都会有情绪变化，我们要做引导，给予孩子一定的方法。

在《思维演说＋》课程中，我们会通过台词训练的手段，让孩子理解语言的温度，从而提高语言表现力。在演说时，自然也能融会贯通。我会采用如下方法：

1. 从日常用语出发（适合 6 岁以上孩子）

从孩子们日常讲的话出发，在变化场景的引导下，让孩子体会同一句话也能有不同的温度。

场景 1：我正在画画，突然感觉肚子饿了，我走到厨房对妈妈说："妈妈，我饿了。"（＝37℃）

场景 2：我肚子已经饿了很久了，妈妈在工作也没给我做饭，我喊了她很多次都没理我。我憋得实在不行了，我对妈妈说："妈妈，我饿了！"（＞37℃）

场景 3：吃晚饭的时间，我不好好吃饭。妈妈批评了我，还告诉我今天没有饭吃了。可是睡觉前，我感觉肚子饿了，我意识到自己之前错了。走到妈妈身边对妈妈说："妈妈……我饿了……"（＜37℃）

2. 1234567（适合 7 岁以上孩子）

1234567 是一串没有任何意义的数字，将这串数字与场景相结合，会有不一样的呈现哦！引导孩子用讲述 1234567 来代替以下场景下的语言：

场景 1：这是森林深处一个破旧的小木屋，屋里到处都是蜘蛛网，周围没有人。一到夜晚总能听到狼叫声，十分恐怖。

请孩子想象一下，你现在就在这间小木屋里，用不断重复 1234567 来讲述关于这个屋子的故事。（＜37℃）

场景 2：我当选了班级的大队长，我非常非常高兴。放学到家后，第一件事，就是要告诉爸爸妈妈这个消息。

请孩子想象自己就是这位当选大队长的小朋友，用重复 1234567 的方式，把这个消息告诉妈妈。（＞37℃）

场景 3：这次的语文期末考试没有考好，拿到成绩一看 59 分。老师还要求家长签字。

请孩子想象一下，回到家，手里拿着考卷，用重复讲述 1234567 的方式，请妈妈签字。（＜37℃）

邀请孩子一起给语言"加温度"吧！（此片段是我在新冠肺炎疫情防控时期所作的儿童作品，呼吁大家共同保护野生动物，适合 5—7 的孩子学习表演）

儿童诗《蝙蝠》

大家好，我叫蝙蝠。37℃

我有尖尖的牙齿，还有双黑黑的大翅膀。37℃

我的本领就是，把1 000多种病毒都藏在自己身上，不让他们出去危害大家。38℃（我有这么厉害的本领，当然要自豪地告诉大家）

我知道自己全身是毒，我居住在阴暗的岩洞里，把病毒都关起来。37℃

我还故意长成一张可怕的脸，就是让大家不要靠近我！38℃（知道我有多可怕吗？吓死你们！）

可是我没想到，居然有人把我当成美味，要吃我，病毒都跑出来啦！咳！39℃（我这么可怕还有人要吃我，气死我啦，气死我啦！！！）

有些人生病了，我知道你们都责怪我，不喜欢我，我真的好伤心……36℃（我伤心了）

我现在只想告诉你们，遵守野生动物保护法，保护动物、保护人类！最后我也想祝生病的人们早日康复！38℃（呼吁大家一起保护野生动物吧，要让更多人知道才行）

《思维演说+》小课堂

掌握语言温度的变化，演说会更吸引人哦！

眼睛会说话
——眼睛表现力的训练

（适合6岁以上孩子）

我们常常会这样夸奖孩子，这个孩子很有灵气。仔细想想，我们当时从哪个方面判断得出的结论？我想一双会说话的眼睛肯定会是重要的考虑因素吧！"眼睛是心灵的窗户。"这句名言是意大利文艺复兴时期画家达·芬奇从人物画的角度来说的。的确，眼睛的表现力作为非语言元素之一，是重要的情感表现方式，从某种层面上说，甚至比语言更重要。

在演说学习过程中，有的孩子会出现这样的问题。不会用眼睛去表达情感，而是靠不自然的语音语调变化，或者是刻意的肢体动作，这就是所谓的拿腔拿调了。针对这样的情况，我们要通过某些方法来引导孩子学会用眼睛来表现：

游戏一：戏剧表演片段《有米粒？告不告诉她？》（适合 7 岁以上孩子）

球球和花花在学校一起吃饭，他们是同桌，球球发现花花嘴角旁有颗米粒。可是老师说吃饭时候不能说话，教室里也很安静。球球打算用别的方法告诉花花，他的方法就是靠眼睛！

球球发现花花嘴角旁的米粒，一直盯着花花看，

花花不理解球球为什么一直看着她。

球球想开口提醒她，可是看看周围，他停止了。

花花对球球表示反感。

球球指了指自己的嘴边，提示花花嘴角有东西。

花花疑惑，找了半天没有摸到米粒。

球球指了指花花嘴角边。

花花终于发现了米粒，对球球表示感谢。

在这个片段中，我们创设了一个情景，即孩子不能用语言表达信息，只能用眼睛传递。故球球与花花可以由两位小朋友扮演，把上述情节中的信息通过眼睛传递。

游戏二: 戏剧表演片段《蚊子别跑!》(适合7岁以上孩子)

盯紧蚊子,趁它停着休息,一巴掌拍死它!

蚊子慢慢悠悠地在散步/我紧跟着它,拍了一下,没想到没拍着。

坏蚊子发现有人跟着他了,飞行速度加快了/我努力跟着他,一转眼,跟丢了。

蚊子消失了/我东看看,西看看,到处找。

原来蚊子飞累了,正停在墙上休息/我慢慢靠近,轻轻举起手,瞬间拍死了它!

这个片段中,蚊子显然是不存在的。但我们要求孩子眼中要看得见蚊子,且时刻紧盯他的去向。我们判断孩子能否看得见蚊子可以从以下几点观察:1.眼睛中的事物连续、没有间断。2.过程中,没有与"老师"对视。

游戏三:《看不见的球》(适合7岁以上孩子)

没有真球,也要努力让自己看见球哦!

和孩子一起做相互扔球、接球游戏。第一次使用实物(球)进行游戏;第二次拿走真球换成"看不见的球",继续相互扔球、接球。过程中，要求两者状态保持一致。我们要关注细节，如孩子的眼睛里是否时刻注意到球的去向。

游戏四：戏剧表演片段《电影院》（适合7岁以上孩子）

妈妈带我去电影院看电影，从明亮的大厅一下走到放映厅，眼睛突然感觉漆黑一片。我一边小心翼翼走楼梯，生怕摔倒，一边赶紧让眼睛适应环境。电影票的位置是7排三座，我弯下腰看看座位牌，13排、9排、7排，随后我看了座位背后的号码牌，很快就找到了座位。

这个片段中，明亮与漆黑一片的地方，我们眼睛的感受是不一样的。努力将生活中的场景，还原到表演中。

通过以上练习，我们可以发现，眼睛虽是非语言的重要表现元素之一，实则内心情感才是根本。故我们在引导孩子进行眼睛表现训练的同时，不能忽略内在感知部分的引导。

《思维演说+》小课堂

演说时，眼睛是重要的情感表现方式。我们通过戏剧表演元素训练的形式来提高孩子眼睛的表现力，生动有趣，孩子也更易接受。

难怪校长一讲话，我就想睡觉
——少儿演说内容的分配法则

人物：王小舟

性别：男

年龄：10 岁

性格：活泼开朗

我：你们觉得什么样的讲话内容会吸引你们？

同学们：关于科技的、搞笑的内容……

我：什么样的讲话内容，你不喜欢或者说你一听就烦？

王小舟：我们学校的校长一讲话，我就想睡觉了。

同学们大笑起来……

我：为什么呢？

王小舟：都是行为规范什么的，实在太无聊了。

我：那你们想不想自己一上台就把人讲睡着了？

同学们：肯定不想的！

《思维演说+》小课堂：

演说内容分为信息（告知观众某些知识）、指导（教授观众某些技能）、娱乐（互动、实验、故事等内容）、激励（向观众发出呼吁）。青少年演说的分配比例以信息/指导占 40% 左右、娱乐/激励占 60% 左右为佳。

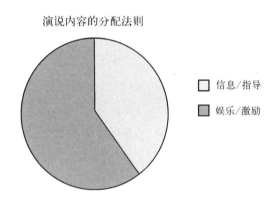

演说内容的分配法则

王小舟：难怪校长一讲话，我就想睡觉了！因为他百分之百讲指导，不停地指导。

我：分配好你的演说内容，我们来尝试一下吧！以任意信息或指导内容为基础，尝试添加相关的娱乐或激励。

王小舟：全聚德是中华老字号，以烤鸭闻名。周恩来总理也曾多次把全聚德"全鸭席"选为国宴。大家知道吗？全聚德以前是叫德聚全的。当时，老板请来了一位一位风水先生。（模仿风水先生走路说话）说："啊呀，这真是一块风水宝地啊！"风水先生眼珠一转，又说："不过，以前这间店铺甚为倒运，晦气难除。除非将其'德聚全'的旧字号倒过来，即称'全聚德'，方可冲其霉运，踏上坦途。"于是老板就将店的名号定为"全聚德"，之后就出名了。

王小舟把关于"全聚德"的信息与娱乐结合，选用角色扮演的形式表演故事、生动活泼地将信息很好地衬托出来，他的演说得到了观众们的一致认可。王小舟的演说过程中，信息包含了全聚德出名的过程，从风水先生的故事开始，则主要使用的娱乐形式是表演、幽默等元素，他的演说内容比例分配大致是在信息 40%，娱乐 60%。我们要注意的是，这个比例对孩子而言是一个方向性的指导，并不意味着，我们在演说文稿字数上需要一字不差地严格按照比例执行。只需孩子认识到，在演说中，我们需绞尽脑汁让我们要传达的信息或指导娱乐化，并可发出具有正能量的呼吁激励大家。

十指紧贴裤缝？
——少儿演说手势语的训练

（适合6岁以上孩子）

在演说中，我们时常会使用手势语，手势语是非语言表达信息的手段之一。可对于孩子而言，手势语成了一个大难题。我经常看到孩子演说中，出现两只手不知该往哪放，故而拉裤子、扯衣服的；也有刻意设计了规定性动作，舞蹈化的动作。显然，对于孩子而言，演说手势语是一个需要攻克的难题。我认为孩子们之所以不会使用手势语的原因主要有：

1. 紧张造成的肢体僵硬

有的孩子一上台说话，非常紧张，甚至不知手应放哪。往往这时，孩子的手指就会伸得笔直且紧贴裤缝。虽然在学校体育课这是老师的要求，但在演说时，直接造成孩子的手不知放哪，或是出现刻意、不自然的手势语。

2. 不理解演说手势语

有的孩子认为手势语就是规定化的动作，比如说你好需要招手，提到我就要手摸胸口，在理解上的误区也是造成手势语使用不当的原因。

3. 理解，但不知该做些什么手势语

对于成人而言，在演说中，我们常会使用一些比较熟悉的手势语，根据内容的不同会去设计创造一些手势语。可对于孩子而言，他们并没有熟悉的手势语，不了解手势语设计的规则，哪怕理解了什么是恰当的手势语，也无从下手。

为攻克这个难题，我在课堂上这样引导孩子：

第一步：放松肢体

首先，我们要做的就是让孩子在肢体上、心理上彻底放松。我们可以通过游戏的形式进行，如放松肢体练习：用力甩甩手、用力甩甩脚，最后甩动自己的身体，让自己完全放松。当做完这个练习，孩子会觉得浑身松弛且舒服。也可以做一些如"抢椅子"这样的练习，能让孩子将注意力集中到游戏上，从而在心理上放松。

第二步：用肢体表达信息

我们需要让孩子放松肢体之后，学会用肢体表达信息。这是孩子在主动使用自己的身体表达信息，而不是我们规定，说这句话做这个动作，说那句话做那个动作。

在课堂上，我会请孩子们上来抽签，并请他们不能说话，用肢体动作、表情等非语言元素表达纸条上的信息，台下的孩子可以猜猜表演者所表达的信息是否与抽签纸条一致。对于不同年龄段的孩子，表达信息的难度可略有不同。年龄小的孩子，内容可具象；年龄大的孩子，表现事物可稍带抽象。

- 幼儿园阶段：游泳、骑自行车等简单动作；某种动物；

- 小学一至三年级：看电视、打游戏、摔跤等较难表现的动作；

- 小学四年级以上：情绪有关的词或是完整的句子。

第三步：模仿与学习

少儿演说常会使用到的手势语主要有三类：表示逻辑、表示具体事物、表示情感。

- 逻辑类：用于举例说明、序号、层次结构等方面的手势语。比如表示 1.2.3，可以用手指比划出第 1.
第 2. 第 3。

- 具体事物：用于描述某样物品、讲述大、小等方面
  的手势语。如表示大、小等结构可以用比拟物体的
  手势语。

- 情感类：用于强调、引起观众注意等方面的手势
  语。比如说到"大家请注意……"可以用类似数字
  "1"的强调性手势语。

在观看一些视频后，引导孩子们模仿学习。随后，在
理解手势语的意义及运用方式的基础上，在自己的演说小
片段中尝试添加。以下是一个孩子的一段演说，我们尝试
以他为例，进行集体手势语的模仿与学习。

我今天想到和大家分享一个观点（强调手势语），就是
我们需要"自己的时间"（引起观众注意手势语）。我想告
诉大家我一天的时间安排。周末从早 8:00 起来到晚上 8:00
我要做的事有写作业、上钢琴课、画画课、围棋、游泳、
语文课（举例说明手势语）。我甚至没有时间想晚上吃什
么（强调手势语）。时间排得满满的（表示"大"手势

语），学习内容学得满满的（表示"大"手势语）。可是真正达到的效果，可能只有我自己知道（强调手势语）。如果我连思考的时间都没有，怎么能消化吸收这些学习内容。

第四步：实践运用

在上述三步完成后，我们可以引导孩子在演说过程中尝试添加手势语。我们不需要以一个硬性的标准去评判孩子的手势语正确与否，孩子的肢体状态松弛，他的设计、创新我们都是应该鼓励的。

《思维演说+》小课堂

演说手势语不是僵化、死板、刻意的规定性动作。让孩子掌握演说手势语需要经过放松、表达、模仿、运用四个阶段。

第五章　我们的舞台

《思维演说＋》处处是舞台

当我完成《思维演说＋》的课程设计，我便在思考一个问题，怎么样才能给予孩子们展示的舞台。这不是朗诵的舞台、不是主持节目的舞台、不是戏剧表演的舞台，这是一个能凸显孩子们思维方式，表达想法的舞台。

为此，我做了些许尝试。我走进了中芯国际学校，与近300位四五年级的孩子共同开展了《思维演说＋》的分享交流会，我来到了东方电视台《全能脑力王》栏目组，与全体导演组成员分享《思维演说＋》的方法与内容，助力科创大赛的演说决赛（《全能脑力王》栏目组曾在上海科博会上亮相展出，被授予"创意展示奖"。《全能脑力王》曾荣获国家广电总局"迎接十九大优秀少儿节目"），我来到了上海历史博物馆，将《思维演说＋》与文史类专业融合。同时我也很好奇，孩子们会将《思维演说＋》运用在什么样的机会与场合：

1. 把《思维演说+ 》用于与朋友相处之时

人物：张小澈（化名）

年龄：11 岁

性别：男

学龄：3 年

应用：我和朋友闹矛盾的时候，我会缓一缓，站在对方角度想想原因，以及"各退一步"的方案，并且我与我的好朋友这么沟通，矛盾就解决了。

2. 把《思维演说+ 》用于每一次上课回答问题时

人物：王小媛（化名）

年龄：12 岁

性别：女

学龄：4 年

应用：我听班级同学上课回答问题，有的语言组织不行，总是语无伦次，说了半天不知道他说什么，但我能干干净净说下来，并且知道重点是什么。

3. 把《思维演说+》用于每一次反驳中

人物：张小心（化名）

年龄：12 岁

性别：女

学龄：3 年

应用：以前别人说我不对，我心里很急，但又不知道怎么说。但现在我会重重地告诉他：我认为 XXX，我能进行有力地反驳。

4. 把《思维演说+》用于每一次班干部临时选举时

人物：薛小贞（化名）

年龄：11 岁

性别：女

学龄：3 年

应用：我觉得自己有个特点，就是每当我上台讲话的时候，大家都很愿意听。就比如我们班班干部选举，老师从来不会事先通知，都是临时选举，每次我上台讲，大家就会选我了。

......

听到孩子们的分享，我很欣慰，孩子们也在努力为自己寻找展示的舞台。演说其实不是我们想得那样高大上、遥不可及，它就在我们的身边、随时、随地……

《思维演说+》小课堂

演说存在于孩子们生活的点点滴滴，无论是"小舞台"还是"大舞台"，我们鼓励孩子用思维和语言的力量想方设法让自己耀眼夺目。

《思维演说＋》走进中芯国际学校
——什么是演说最重要的能力

今天，我来到了中芯国际学校，与近 300 位四五年级的孩子分享《思维演说＋》。我用分享会、而不是讲座这个词，因为讲座是一种教学形式，让我想到传统的报告会。《思维演说＋》的理念是鼓励孩子主动发现、掌握语言思维、自信演说。在此过程中，如孩子处于被动的状态，课程本身就没有意义了。

我说："今天想和大家讨论的是：你认为演说最重要的能力是什么？先不着急回答，等到活动结束后再请大家告诉我自己的想法。大家可以先说说你觉得演说者必须要具备的能力。"

同学们说："声音响亮、有表情、会写稿子、会做 PPT……"

图 12：中芯学校分享会

图 13：中芯学校热情的小听众们

我说："大家说得很好，我帮大家总结一下，演说者要具备第一，语言及表演能力；第二，思考能力；第三，实践技能（图片、视频选择以及大家说的 PPT 演示），我们先来做一些互动游戏让大家有直接的感受。"

练习一：无声语言的信息传递

规则：5—6 人一组，全体向右转。

● 第一位同学看纸条上的内容，并设计非语言

● 后几位同学将前一位同学的表演依次传递

● 最后一位同学猜纸条上的内容

其中我出了一个题是摔跤。第一位孩子并没有摔在地上，而是走路走了几步，蹲在了地上。我想这一组估计很难完成游戏，第一位孩子表演并不是很明确，如后几位同学只是模仿，很难猜到谜题。可没想到的是，第二位孩子换了一种方式表现出了摔倒在地的动作，最后一位同学也顺利猜出了谜题。过程中，全场观众的笑声甚至掩盖了我的话筒声。孩子们很兴奋，我也很兴奋。我很好奇问了第二位同学，他回答我："我猜想第一位同学想表演的是摔跤，可是我觉得他表演得不好，所以我想换种方式表演！"我邀请同学们给了他掌声。

我说："他一定会是一个优秀的演说者。因为他不但渴望表现自己，同时他善于思考。我们来进行下一个游戏《说说你自己》，今天咱们不是自我介绍，所以我不想听到大家的学校、年龄，甚至性别，因为我都看得见。我想听到大家与众不同的地方，别告诉我你和别人一样，没有一个人是一样的，所有人都是独特的，你能找到自己独特的地方吗？"

练习二：独特元素演说

这是一个四年级的男孩，个子小小的。可他认为自己独特之处在于"猥琐"，并且用他对异性关系以及早恋问题的看法来表示他的"猥琐"。这是一个流行的网络用语，或许不那么规范，但却非常亲和。我惊讶孩子用这样的词来形容自己的同时，我也为这位四年级小男孩在台上所展示的自信、勇气而高兴。他的演说显然打动了现场的同学，大家的笑声和掌声证明了这点。

接近尾声，我回到了活动开始前的问题：你认为演说最重要的能力是什么？孩子们争先恐后地举手想要与我分享他们的想法，一位五年级的男孩上了台，与我们分享了他最近看的 TED 演讲的相关内容，他认为：演说中有些能力都是有套路的，比如在舞台上来回走动。故他反问了我之前提到演说需要具备表演、思维、实践三个部分的训练内容，问我觉得哪个最重要？虽然我眼前只是一个五年级的孩子，但我明白我的回答如果不能说服他，那么在他眼里我都不能算是一位老师，这与我的经验毫无关系。我告诉他，我认为是思维，因为只有思维才是每个人独一无二的。我看到他表示认同地点点头，心满意足地回到了座位上。

一小时的互动，我和孩子们都处于亢奋状态，甚至感染到了现场的班主任老师及音响老师。我真真切切感受到孩子们渴望表达自己想法的热情，中芯的孩子们很棒，他们热爱这样表达的舞台，我想这也是所有的孩子需要的舞台。

《思维演说+ 》小课堂

演说最重要的能力是思维。

结业考试的检验

——《思维演说＋》对于儿童语言表达能力的益处

在少年宫学习主持的孩子，到三年级就需要进行结业考试。我们结业考试的内容分三部分：1. 自我介绍，2. 台词表演，3. 即兴话题讲述。即兴话题讲述是指：老师在考试前准备好抽签条，孩子们任意抽签（事先完全没有范围或是任何有关考题的提示），现场准备五分钟，随后进行讲述。对于考官的评分没有任何要求的限制——录取综合实力强的考生。认真的考官总会在备注项中写下考生比较突出的部分，便于统计、参考。

在考试结束后，评分表汇总到我的手上。我发现，在34位考生中，有4位考生在备注项的提示是：表达能力强。我惊喜地看到，这4位考生均接受《思维演说＋》课程学习，且我看到有孩子落下的思维导图。在五分钟内，孩子能想到用这样的方法来整理自己的思路，我确实为他们感到骄傲。

语言表达能力是指在口头语言使用的过程中运用字、词、句、段的能力。语言表达能力强是指用词准确，语意明白，结构妥帖，语句简洁，文理贯通，语言平易，能把客观概念表述得清晰、准确、连贯，没有语病。

《思维演说＋》以戏剧教育与逻辑学为理论基础。在幼儿园至小学二年级，孩子的思维由具象性逐步转向抽象性的过程中，除了小故事、文学作品的学习积累，在每次1—3分钟的元素演说中，孩子们思考并组织语言进行表达。如因果关系讲述帮助孩子把握基础语言逻辑；劝说讲述帮助孩子理解运用故事讲道理的方法，无论是在作文还是举例说明的讲述都与该元素分不开。这些方法都是从孩子的生活出发，以他们熟悉的案例为素材、加入逻辑学基础元素进行训练与学习。小学三年级以上的学生，我会在课堂上引导他们主动发现，积极探索，把一个个自己感兴趣的小课题研究过程表达给观众，这更是一个孩子综合能力的体现。不知不觉，孩子们在掌握演说语言思维及表现技巧的同时，在用词上、语言逻辑结构上均有了显著的提高，故而使语言表达能力从根本上提高。

《思维演说+ 》小课堂

逻辑学与戏剧教育的交叉融合，让孩子积累好词好句的同时掌握语言思维，从根本上提高孩子语言表达能力。

我……要上台！
——备战舞台演说背后的故事

人物：林小呈（化名）

性别：男

年龄：12 岁

表达特点：善于思考、表现力不足

去年，我参加了学校组织去青海的公益活动，去帮助那里的贫困学生。由此引发了我的思考，怎么才能有一个适合小学生的，能实际作用的公益活动。

下面我想通过两个事例先来和大家分享青海扶贫活动的切身感受。

2018 年 10 月 17 日我们前往化隆的六所小学。我们在当地学校食堂吃饭。看到空空的一间大屋子里，地面中间放着一个大铁盆，有两个包着头巾的阿姨拿着个大铁勺，蹲在地上在从盆里面盛东西给同学们。这时候我就看到在外面那条长长的队伍里有个穿米黄色薄外套，脸冻得通红的小女孩站在队伍里，她看起来和我们差不多大。让我们感到很奇怪的是，她手里抱着一个比她小很多的弟弟。我们都很好奇，怎么会有人上学还抱着个弟弟？校长告诉我们：原来这个小女孩家里有姐弟四个，她是最大的姐姐。爸爸过世后妈妈就改嫁了，家里只剩下个老奶奶和他们相依为命。奶奶年纪大了，还生着病，没法照看弟弟，于是她就抱着弟弟来上学。

当时一连下了好几天大雨，当我们的车开到一座陡峭的山上，一转弯，突然发现前面山路塌陷了一大片，左边是陡峭的山，右边是几米深的泥坑，有一层楼那么深，原本就狭窄的山路变得窄得只能通过一辆车了。这时候中巴车的轮胎还陷到了泥坑里，驾驶员反复尝试把车开出来，反而使车轮越陷越深。最终驾驶员把绳子绑在车头让大家一起拉。我看到爸爸两脚陷在泥里，双手攥着绳子，喊着口号"一二、一二"卖力拉。因为脚下泥泞打滑，站不稳，用力的时候他很难保持平衡，裤子、鞋上都是泥巴。在2 800米的高原，我们战胜了困难。我看到大人们都脸色苍白，嘴唇发紫，听到每个人大声地喘着粗气，走路都显得很疲惫。

这是我第一次参加公益扶贫活动，我有些震撼，原来这里和我的生活那么不同，原来我是多么幸福。但我也在想为什么以前我在三四年级时没有参加过甚至听也没听到过这样的活动。

为此，我们做了一个调查。在112个小学生有100％的人有意愿参与公益活动，只有65％的人参与过；50％的人认为目前获取和参加公益活动的信息渠道少；44.6％的人认为时间短，无法深入活动；33％的人认为参加过的公益活动存在形式化，没有实际效果的问题；23％的人认为活动的互动少，交流少。看到这个数据，我就想设计一个适合小学生的公益扶贫活动，我给他取名"灯塔"，就是希望通过活动能指引我们走向独立、感恩、帮助别人的方向。（介绍项目）……

林小呈的演说是关于参加学校组织的公益活动后的思

考，林小呈是一个善于思考、且渴望表达自己的男孩。他总是表现出比同龄人成熟的一面，是个敏感"小大人"似的男孩。当我们在课堂上提出，讲述"你的独特经历"时，他表达了自己第一次去青海参加扶贫活动后的感受。当时，他表现出了对贫富差距的疑惑以及对当地小朋友的怜悯之情。他的激情感染到了现场每位同学，故我决定引导他继续思考，把他的演说搬上近 400 个座位的剧场舞台。

我看到孩子们在教室里的演说总是那样生动、活泼，而这却是他们第一次、也是我第一次指导孩子们在剧场舞台上演说，且都是孩子们自己的想法与创作，这对我们而言都是一次挑战。

经过前期多次地引导、备稿、梳理结构，林小呈初步掌握演说框架。我带着他来到剧场走台，此时剧场正在拆装台，人比较多。我走上舞台刚想请林小呈上台，谁知他人不见了。我走出剧场，看到他一个人在门口来回走，他轻轻地告诉我，他觉得人有点多。这是一个近 400 人的剧场，我知道对于林小呈来说它很大、很陌生，他的恐惧让我担心。

当天，我要求林小呈在家里练习，并且请爸爸妈妈将他的练习视频录下来给我看。我一直等着，可到晚上11点，都没有等到他的视频。林小呈妈妈发了信息，说他不想录，能不能明天再说。我感到很疑惑，便回了电话。谁知那头已经闹翻天了，爸爸正在安慰早已哭得稀里哗啦的儿子。林小呈妈妈很激动，显然刚教训完儿子。原来林小呈不愿意面对镜头录像，他认为自己讲得还不成熟。还有3—4天就是正式表演了，我有些崩溃、第一次尝试难道要以失败告终?

23:15 我请林小呈接了电话:

我：怎么了?

林小呈：我不喜欢录像。(他极力克制自己的哭声)

我：距离演出还有三四天。我现在就想问你一句，上还是不上。上的话今天必须把录像给我看，不上咱们就下次。(我也激动了)

林小呈：我不想回答。(哭得稀里哗啦)

我：对不起，你今天必须回答，不能逃避。这是你的选择，并且你要为你的选择负责。

23:40 我已经做好了他放弃的准备，在那一刻我也有想过放弃。

　　林小呈：……（沉默了许久）我……要上台！

　　我：（瞬间，在电话那头，我的眼泪掉下来了，我控制着自己的情绪）那请你现在去录像。

　　林小呈：好的。

12:30，我看到了林小呈的视频。他的妈妈告诉我，他一直摁着电话的静音，就怕我听到他的哭声。但最终我听到他渴望上台演说的声音，足够了。

　　在后三天的练习中，林小呈呈现出比先前更积极主动的状态。一个孩子在剧场的舞台进行单人演说，他的状态、表现力要比在教室里要求高得多。林小呈原本的状态，加上他的恐惧显然压不住剧场的舞台。记得我在纽约与 TEDx 一位发起人 Aaron 的聊天，他曾在一所初中历时9个月做了一期 TEDx Youth 的节目。期间，他也发现大部分孩子们不具备舞台上演说所需的能力，而林小呈才五年级，距离演出还有三天，可想而知我们所面临的困难。

图 14：林小呈的舞台演说首秀

在体态语、PPT 的结合、情绪等，我们进行了高强度的练习，好几次林小呈或是太累了，躲在厕所哭一会、擦干眼泪回来继续练习。演出当天，林小呈穿着西装、打着领带，精神地站在舞台上讲述他的"灯塔"。下场的那一刻，我们紧紧相拥在一起。我们成功了，我知道他是为自己战胜这次困难而激动，我也为他的表现感到骄傲！

自此以后，林小呈变了。他总是很渴望上台演说，他渴望表达的舞台。我看到他在课堂上松弛大胆地发表观点，看到他在学校激情澎湃地进行英语演说。当然，他的人生道路，会有更大的剧场、更大的舞台等待着他，演说将伴随着他一生。

《思维演说+》小课堂

剧场舞台是对青少年演说者极大的挑战，无论在体态语、语言、情绪等方面都应更具表现力。

《思维演说＋》科技的舞台

在潜能试验选题中，我发现很多孩子做出的结果都与科技有关。记得在感悟主题说的元素训练中，大家将研究主题不约而同地集中到 AI 人工智能上。可有意思的是，三位孩子表现出对人工智能不同的看法。如杨小恒认为人工智能会毁灭世界；林小呈认为人工智能根本不会有所发展，因为设定程序前就有三大法则在，大家把人工智能想得太高深了；而张小澈则认为，人工智能不会毁灭世界，但它有可能会控制人类世界。孩子们脑洞大开，在课堂上争论了起来。我想，《思维演说＋》可以与科技结合，给予对科技感兴趣的孩子们一个展示表达的平台。

今天我来到了东方电视台《全能脑力王》栏目组，《全能脑力王》是以电视科创大赛为核心，集科创节目、校园活动、科创赛事、训练营、海外游学于一体的青少年综合性的文化教育品牌，它覆盖全市100余所初中，150余所小学。栏目组汇集全国和上海权威、优质、顶级科创资源，联动教育主管部门，组创科技特色学校、科学教育基地、科创活动赛事等，为沪上中小学生提供基础教育之外的多元科创训练与实践。2017年8月，《全能脑力王》携手近50所科创学校及其科创作品在上海科博会上亮相展出，被授予"创意展示奖"。《全能脑力王》荣获国家广电总局"迎接十九大优秀少儿节目"。

在与负责人的沟通中，我们发现他们遇到的困惑是，孩子们在科学老师的指导下完成实验、设计等科创作品，却不知在这有限的时间内如何将它们通过语言更好地呈现？针对这样的需求，我们组织了一次与导演组成员的交流互动会，分享交流了《思维演说＋》的相关理念与方法，便于他们下一步为各个学校的参赛选手培训，同时我也为他们制作了知识点大纲，便于参赛选手能够掌握运用。

图 15：与《全能脑力王》节目组的交流分享会

如何让我的科创作品吸引人？在当众演说中脱颖而出？

《思维演说＋》告诉《全能脑力王》的参赛选手：

1. 独特＋专业的化学反应

想一想你和别人不一样的地方在哪里，可以是一个不一样的想法、一段不一样的经历、性格特征等。在你的科创说中融合你的独特之处，轻松让你脱颖而出。

例：独特（做事慢）＋专业（动物）——找到共同之处，相互融合

我家里养的狗是哈士奇，听说世界上没有一只哈士奇警犬。因为他实在太难训练了，经常慢慢吞吞，自由散漫。等到他回过神，坏人早跑了。哈士奇总是给人一种呆萌呆萌的感觉，虽然它做不了警犬，但大家还是非常喜欢它。在生活中，我感觉自己和哈士奇的性格很像。做事也是慢悠悠，我觉得生活就是应该慢一点再慢一点。哪怕有时让别人觉得反应慢半拍，但这就是我，我很快乐。

2. 关联性讲述

了解你的观众，从观众角度出发；关联性指的是你所教授大家的技能与观众之间，要通过你的表达建立起逻辑

关联，要拉得越近越好哦！

例：历史典故＝装酷＋高分作业

如果你们在和别人聊天时想来两句历史典故，搞不好大家就会向你投来羡慕的眼光。大家平时参加语文考试，如果能在作文里加几个历史典故，大家想想，这个分数蹭蹭蹭就上去了。可是这个历史典故也不是那么好学的，要翻一些史料啊什么，有时候还看不懂。今天我就教大家一些简单又常用的历史典故，大家想不想学？

3. 记忆逻辑框架代替背句子

思维导图用起来：

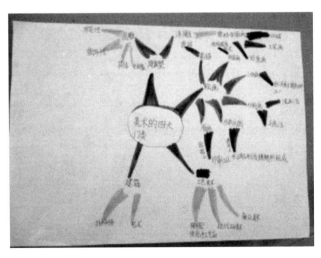

图 15：给科创赛决赛的演说选手指导图

4. 定格画面讲述

定格画面讲述是具象思维训练的重要手段之一，给予听众画面感，远比直白的"害怕"两个字更容易吸引人哦！注意，定格画面是指相对静止！画面描述越细致，震撼力就越强哦！

例：我晚上睡觉时，自己睡一个小房间，妈妈一关灯，周围就一片漆黑。我就看到桌子上的一个小夜灯，会发出不同颜色，一闪一闪有点像鬼火！我周围也好像有许多飘着的不知名物体，我看不见他们的眼睛，只知道他们嘴张得很大，很惊恐的表情。有半圆的、有长条的，在我周围飘来飘去。

在有限的时间内，我们能做的仅是给予孩子们演说表现技巧的一些方法，从本质上而言，是一个被动接受的过程。

对于这样一个群体的孩子，我们需要思考的，或者说孩子们需要提升的是主动发现，不断提升自我探究能力，发现与众不同的个人魅力；语言思维，将专业能力通过语言媒介外化的思维；自信演绎，语言及非语言的表现能力。

为不同专业背景，为不同需求的孩子提供科学、合理的演说指导，引导孩子将被动接受变为主动创造，相信之后我们会做得更好。

《思维演说＋》历史的碰撞
——让中华文化真正走进孩子们心中

历史，在孩子们眼中是什么？是需要背诵的冗长历史典故？是一个个复杂难记的人名？文物，在孩子们眼中又是什么？一个个冷冰冰的水壶？无趣的博物馆？中国文明源远流长、博大精深。比起灌输式的学习知识，何不让孩子们自己探索、自己发现、自己演绎，我也很好奇孩子们眼中的中华文化到底是什么样的。

在这一阶段的课堂上，我把大框架圈定在上海历史领域。我们并没有指定话题限定，而是结合《思维演说＋》的教学内容，作思维方法上的引导。我告诉孩子们，可以从以下四个方面进行选题。同时，我邀请到了上海历史博物馆的研究员为孩子们在选题方向、研究方法上作进一步

图 16：研究员与孩子们的选题交流会

的指导，我们的"选题大会"就此展开。

一、 判断性问题的解决：在上海历史领域任选感兴趣的话题，提出判断性问题，并作研究、调查，得到属于自己的观点。

以下是孩子们的选题及研究员的建议：

1. 通过研究上海城市出租车的历史，简析如今马路上招手拦不到出租车的情况。

建议：尝试设计未来保证手机预订与马路扬招都能坐上出租车的方案。

2. 通过史料调查，研究中共一大会议神秘的第十三位到底是谁。

建议：能运用一定推理能力，论述逻辑清晰。

3. 通过查看上海老字号杏花楼的发展史，研究其究竟是应该延续经典还是走网红路线？

建议：资料调查不足，缺乏深入思考。

4. 通过研究元代与现在的城市地图，判断苏州河旁的水闸究竟去哪了？

建议：加入地理元素非常好，但应注意地图比例尺问题。

5. 为什么"大白兔"在三年自然灾害时还能生存且发展?

建议:可以尝试从当时经济体制入手研究。

6. 鸦片战争对中国的影响?

建议:需要深入且作思考方向性的引导。

二、 独特 + 历史:将我的独特点与上海历史的任意角度结合讲述。

以下是孩子们的选题及研究员的建议:

1. 设计一件多功能旗袍

建议:对于旗袍历史可深入了解。

2. 上海汽车的发展。

建议:结合自己的兴趣爱好,准备了大量文献资料很好。但整理逻辑稍有混乱、层次不够清晰。

三、 技能说:我在上海历史领域发现了有趣的小技能可以与大家分享。

以下是孩子们的选题及研究员的建议:

1. 弄堂游戏的有趣玩法

建议:内容过多,可突出重点。

四、 感悟说:对于某一事件、某一人物行为有自己的判断，且有实例可以支持我的观点。

1. 我们应该保护松江鲈鱼了。

建议：能结合松江鲈鱼的历史文化以及当下热点时政新闻，呼吁大众保护松江鲈鱼非常好。

2. 生活在明朝的上海并不好。

建议：逻辑清晰，论据充足。历史人物、典故张口就来。准备工作做得非常好。可以把研究领域进一步缩小，聚焦到某个人群，如老百姓生活在明朝的上海，或是做生意的人生活在明朝的上海等。

3. 春申君的语言表达能力还不够。

建议：论据对结论的支持度不足。

4. 我觉得上海早餐四大金刚应该申遗，并且可以成功。

建议：可以进一步了解申遗流程。

5. 石库门的制作工艺即将失传。

建议：石库门是特定历史时期的产物，选题方向可适当调整。

整个活动现场气氛热烈，我们发现孩子们的选题差异很大，且在过程中也体现了孩子们不同的个性特征。如关于苏州河水闸去向的问题，孩子清晰画出苏州河相关的地图，在与研究员老师的"争论"中，他毫不逊色，"我认为……"的表达方式贯穿在他的讲述中，我们看到了他的自信与坚持。如关于出租车扬招问题的探讨，研究员点评道："这是一个技术分析型演说者！"的确，编程科技是他的最爱，他的特点通过此次演说展露无遗。"大白兔"以及中共一大的"神秘人物"等话题，甚至还难倒了研究员老师，我们对孩子作了研究方向上的引导，同时我们更期待孩子们进一步研究后的"答案解密"。

让我印象深刻的是关于鸦片战争的选题，孩子通过亲身走近上海历史老建筑的活动以及资料收集、思考判断等过程对鸦片战争有了不一样的见解，他认为鸦片战争从某种程度上来说是推动了上海的发展。鸦片战争的历史在中学课本上都有，传统的历史教学会要求背诵知识点、观看相关影片。然而，我们是否问过孩子，他是怎么想的，或者应该问他想了吗？看到孩子作了这样的讲述，我明白正确引导是我下一步要做的事。通过这个案例也让我有所启发，我们的历史文化、传统文化教育应该是从根上开始的。在孩子主动思考的过程中发现问题、从而引导，而不是一味地背诵、记忆。

《思维演说＋》新型冠状病毒
——防控疫情的小小传播者

2020 年 1 月新型冠状病毒肺炎爆发，疫情严峻，全国各地多个省（区、市）启动重大突发公共卫生事件一级响应。我不是一线的医护人员，也未曾参与任何疫情防控的重要工作，我是那千千万万隔离在家的普通人中的一员。每天牵动我心的是那一串串新增确诊的数字以及一件件奋战在抗疫一线战士们的感人故事。然而令人振奋的是，我们的身后站的是祖国，她用那强有力的臂膀保护着我们。我可以做什么？我应该做什么？捐款，购买物资捐赠是我在家专注做的事。同时，我是一名教师，或许我也可以做些什么……

经与家长们沟通，了解到，为响应政府号召，本该在愉快旅行中的孩子们，纷纷取消行程，居家自我隔离，一待就是几周。作为成年人，我非常理解政府的做法是为了保护人民。却不知孩子们是否能理解，他们又有些什么想法呢？

我很好奇孩子们的真实想法，故我远程与孩子们进行沟通，开始研究与思考。

人物：蓓蓓（化名）

年龄：12 岁

主题：预约登记买口罩到底划算不划算？

最近我一打开电视，就能看到许多关于新型冠状病毒的报道，其中最重要的一点就是要戴好口罩，于是一夜之间，上海几乎所有药店的口罩都售罄了。从 2020 年 2 月 2 日起，上海开始进行登记预约购买口罩，以一户为单位，每户只能购买五只口罩，这样一来，问题就来了，购买这五只口罩到底划算不划算。我见到有个网友是这么说："我去登记要用掉一只口罩，领取又要用掉一只口罩，5－2 等于 3，就是说我最后只能拿到 3 只口罩。但经过查阅资料，我想告诉这位网友，你想错了。

最近，有一些小区是这样做的，他们请了专业的团队做了一款小程序，市民可以在小程序上填写个人信息：地址、电话等，然后等于成功预约一份口罩，口罩到货后也会及时提醒市民。然后有的市民说了："我们小区没有这样的软件，那怎么办。"那也没有关系，在2月2日新闻上我看到有些小区又想出了新的办法，虽然没有这样的小程序，但是他们开通了热线电话，只要市民拨打电话就能预约一份口罩，而且会有志愿者送货到家或者放到居民的信箱里。那有些居民又要说了："我们小区没有软件，也没有热线电话，那怎么办？"我就问了我的外公，他就是一位居委会的志愿者。他是这么说的，我们小区会开辟一片空地，市民还是排队登记，但是每两个人之间相隔一米，也就是形成了安全的距离，这样能减少交叉感染的概率。

所以这位热心的网友，你不用担心登记购买口罩到底划算不划算了，聪明的上海人总会想到好办法的！

我们可以看出，蓓蓓的观点是，预约登记买口罩的方法是非常合理的。她选用了感悟说的演说框架，利用观

图 17：蓓蓓的口罩预约说

点、分析、情景三要素阐述的方法进行。她收集了三个居委会的做法，从三个典型的情景出发，结合她的分析来说明这个观点。层次清晰、逻辑性强，有一定说服力。

蓓蓓之所以会有这方面的思考，是因为她的外公就是一名居委会防疫志愿者，她的演说也体现了独特性。

人物：张心心（化名）

年龄：12 岁

主题："宅"家攻略

自从新型冠状肺炎疫情暴发以来，大家是不是觉得自己的生活就好像一列火车一样，整天逛吃逛吃逛吃逛吃……除了在家闲逛就是吃，经过我的冥思苦想，呕心沥血，利用我的设计灵感，我写出了一份预防新型冠状病毒宅家指南。

首先，我们来说运动。我们可以在家帮爸妈做些家务，这样就可以锻炼自己的身体。球类运动：乒乓球就是很好的选择。棋牌类运动，比如斗地主、飞行棋。经过我的整理、归纳，总共整理出了 11 种棋牌类运动，感兴趣的同学可以私信我哦！第四项就是瑜伽，我想给大家推荐我手上这本瑜伽经典手册。瑜伽可以让我们放松身心，美容养颜，这本书简直就是我们现在居家的必备好书。如果小仙女们不想在防控疫情期间吃成小猪，那可以推荐大家练一练瑜伽。

下面我们要来说说文学，这就不得不提家长们的最爱，孩子们最恨的学习。首先家长会让我们刷题，上到天文地理，下到 $1 + 1 = 2$ 各种各样的题。然后，这个部分也是我比较推荐的，就是写作。大家可以写一些日记、周记、小说，把我们生活中发现的一些小事都归纳起来，以后看起来也别有一番滋味。

接下来这个部分，是我最喜欢的，就是娱乐。我们可以把以前在游乐场看到的小型设施搬回家，比如套圈圈，我们可以在家制作简易版本来玩。然后我们进行 DIY 手工制作，大家看到这只小企鹅了吗？这就是我在家花了一整天的时间做的小玩偶。

最后，就是大家每天都会接触到的电子设备。现在是信息时代，我们每天离不开电视、电脑和手机。我们可以在电视上关注实时疫情，可以在电脑上查资料，完成作业。

不知道听了以上四个方面的归纳，有没有给天天在家"葛优躺"的你一些灵感呢？让我们一起努力，为抗击疫情，宅！到！底！

开心地宅在家可不是件容易的事，张心心的演说是典型的技能说。把"宅家指南"的方法详细归纳整理，教授给大家。在这样一个特殊时期，相信这份实用干货会给大家一定启发。

人物：张小澂（化名）
年龄：11 岁
主题：我为什么要"隔离"？

大家好，这次寒假过得怎么样呢？我觉得简直糟透了，因为我本来要去西班牙旅游的，因为这次疫情的暴发，我们要自我隔离，所以我这次去西班牙旅游的计划就泡汤了。我当时觉得很奇怪，如果有人生病那就去治就好啦，我们都是健康人，把我们隔离起来有什么用呢？所以我就提了一个问题，隔离对这次疫情有多大帮助？

这种肺炎呢，其实是由一种新型冠状病毒所引起的，冠状病毒长什么样呢，就是我画的这样，它是因为长得像一个皇冠而得名。它是一种传染病，会以飞沫传染。就是如果你得了这个病，你会说话、咳嗽、打喷嚏吧。你会喷出千千万万这个带有新型冠状病毒的飞沫，它会停留在空气中，如果这时正好有人经过，他就可能感染。然后他又说话、咳嗽、打喷嚏，又喷出了更多病菌给下一个人。就这样一传十、十传百，一发而不可收拾。

知道了这是一种传染病，我就查了史上最著名的传染病。第一件就是在14世纪，欧洲爆发的黑死病，当时黑死病几乎是蔓延到了整个欧洲，有50％的欧洲人都死于黑死病。但是当疫情蔓延到波兰的时候，波兰的大主教就下令把已经生病的波兰人都围起来，限制他们随意出入，最终就把波兰保护了起来，波兰幸免于难，在我们看来这就是隔离嘛！第二件，相信我们的父母都曾经历过，那就是在2003年我国爆发的SARS非典。当时，我国反应也非常快，在北京用很短的时间建立了一所小汤山。小汤山就是一种隔离，把所有的SARS病人集中到这里进行治疗，有效阻止病情进一步蔓延。

图 18：张小澂的隔离说

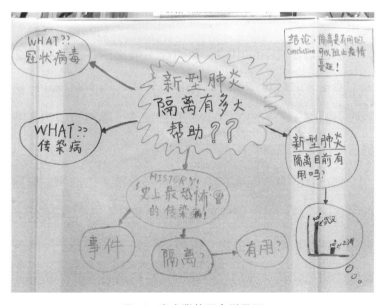

图 19：张小澂的隔离说导图

所以，我得到了结论，隔离是非常有用的，它可以阻止病情的蔓延。那这一次的疫情，我国政府也是在 1 月 23 日对武汉、湖北地区进行了隔离，截至 2 月 2 日，武汉确诊病例是 4 000 人，而上海是 100 人。看来隔离是对疫情的控制非常有效的。但我们也要注意，湖北的人民为此真的付出了很多，他们的牺牲换来了我们的安心。我们隔离的是病情，不是人。不管我们是湖北人、武汉人还是上海人，我们都是中国人。我们已经成功抗击了 SARS，相信我们也能成功抗击新型冠状病毒，加油武汉、加油中国！

爸爸妈妈说不能出门、老师说不能出门，连我心心念念的西班牙之行也取消了。郁闷、无聊，还不能说。委屈的张小澈终于忍不住了："我们是健康人，隔离有病的人就好，为什么要隔离我！"

张小澈的有效问题相信也是大部分孩子的心声，根据他的导图，我们可以发现他的思维过程。他先了解了什么是新型冠状病毒、传染病。接着他找到了一些关于恐怖传染病的黑死病及非典的隔离案例，最后通过当前疫情确诊数据得到了观点，隔离非常有用，可以阻止疫情蔓延。通过这次研究与演说，张小澈真正接受了取消旅行，隔离在家的安排。

《思维演说＋》的工作是走进孩子们的心里，给予其真实表达想法的方法；倾听孩子们心声，引导其正确的价值观。拒绝因强加的，形式主义的教育方法所培养的利己主义者。

中国是一个强大的民族，在疫情中，我们看到了印着血手印的一封封请战书，看到了几乎买空世界各地口罩的国人一箱箱人肉运往国内的故事，看到了把几乎全部身家捐赠给一线的普通百姓，更看到了党和国家领导人雷厉风行的抗疫措施。在疫情中，整个中国呈现出高度的凝聚力和战斗力。做一名中国人是幸运的，做一名中国的教师，身上的责任是沉重的，我承担着把这份团结、奋战的民族精神传递给我们下一代的职责，这是我可以做的，也是我应该做的。

参考书目

［1］南开大学哲学系逻辑学教研室著:《逻辑学基础教程（第二版）》，南开大学出版社，2008年7月版。

［2］［英］肯·罗宾逊［美］卢·阿罗尼著:《发现天赋的15个训练方法》，浙江人民出版社，2017年版。

［3］［美］理查德·保罗［美］琳达·埃尔德，译者:侯玉波、姜佟琳等，《批判性思维工具（原书第三版）》，机械工业出版社，2013年5月版。

［4］赵国庆著:小学思维训练丛书第6册《批判性思维》，北京师范大学出版社，2017年12月版。

［5］［美］本·戴克尔（Ben Decker）［美］凯利·戴克尔（Kelly Decker），《怎样沟通才有影响力》，中

国人民大学出版社，2017 年 5 月版。

［6］　［美］Denise Boyd（丹尼斯·博伊德）［美］Helen Bee（海伦·比），《儿童发展心理学（第 13 版）》，电子工业出版社，2016 年 3 月版。

［7］　孙立恒：《美国演讲教育的历史、现状与趋势》，《教育研究》，2013 年，34（12）：第 136—143 页。

［8］　刘晓东：《儿童哲学课的未来形态与可能境界》，《教育发展研究》，2019 年 Z2 期。

［9］　龚帆元：《美国演说课对提高我国学生英语口头交际能力的启示》，《宁德师专学报》（哲学社会科学版），2007（02）：第 89—92 页。

［10］　王丽：《我们应当学会公共说理》，《中国青年报》，2014‑08‑22（002）。

［11］　杨百顺：《比较逻辑史》，四川人民出版社 1989 年版，第 41 页。

［12］　楚明锟：《演讲与逻辑的联系及其溯源》，《人文杂志》，1999（03）：第 33—36 页。

［13］　胡适：《先秦名学史》，学林出版社 1983 年版。

［14］　崔清田：《名学与辩学》，山西教育出版社 1997

年版。

[15] 《义务教育语文课程标准》，中华人民共和国教育部
      制订，2019 年版。

图书在版编目(CIP)数据

让孩子成为"演说家":《思维演说＋》教你 101 个
有效方法/孙莜佳著. —上海:上海书店出版社,
2020.7
　ISBN 978－7－5458－1925－0

　Ⅰ. ①让… Ⅱ. ①孙… Ⅲ. ①演讲-语言艺术-少儿
读物 Ⅳ. ①H019－49

　中国版本图书馆 CIP 数据核字(2020)第 097853 号

责任编辑　张　冉
封面设计　汪　昊

让孩子成为"演说家"
孙莜佳　著

出　　版　上海书店出版社
　　　　　(200001　上海福建中路 193 号)
发　　行　上海人民出版社发行中心
印　　刷　上海叶大印务发展有限公司
开　　本　890×1240　1/32
印　　张　8.25
版　　次　2020 年 7 月第 1 版
印　　次　2020 年 7 月第 1 次印刷
ISBN 978-7-5458-1925-0/H.38
定　　价　48.0 元